PROFIL 100 EXERCICES
sous la direction de Georges Décote
et Adeline Lesot

L'accord du Participe passé

100 exercices avec corrigés

BÉNÉDICTE BOUDOU
agrégée des lettres
docteur ès lettres

HATIER

Sommaire

1. Participe passé sans auxiliaire ... 4

2. *Approuvé, attendu, certifié, compris, non compris, y compris, excepté, ôté, passé, supposé, vu* ... 6

3. *Ci-joint, ci-inclus, ci-annexé* ... 8

4. *Étant donné, mis à part, fini* ... 9

5. Participe passé avec l'auxiliaire être ... 10

6. Participe passé précédé d'un pronom relatif sujet ... 12

7. Participe passé employé comme attribut ... 13

8. Participe passé des verbes conjugués à la voix passive ... 15

9. Participe passé avec l'auxiliaire avoir ... 16

10. Participe passé et pronom personnel complément d'objet direct ... 18

11. Participe passé et pronom relatif complément d'objet direct ... 20

12. Participe passé précédé d'un complément d'objet direct et suivi d'un attribut du C.O.D. ... 22

13. Participe passé avec un pronom remplaçant des noms masculins et féminins ... 24

14. Participe passé avec *que* représentant deux antécédents composés ou coordonnés par *ou, ni* ... 25

15. Participe passé et adverbes de quantité : *Combien de, que de, le peu de, tant de* ... 27

16. Participe passé avec des noms collectifs et de fraction : *Une multitude de, une foule de, une espèce de, le quart, la moitié* ... 29

17. Participe passé avec *un de (...) que, un de ceux que* ... 31

© HATIER, PARIS, 1995   ISBN 2-218 **71025**

Toute représentation, traduction, adaptation ou reproduction, même partielle, par tous procédés, en tous pays, faite sans autorisation préalable est illicite et exposerait le contrevenant à des poursuites judiciaires. Réf.: *loi du 11 mars 1957, alinéas 2 et 3 de l'article 41*.
Une représentation ou reproduction sans autorisation de l'éditeur ou du Centre Français d'Exploitation du droit de copie (3, rue Hautefeuille, 75006 PARIS) constituerait une contrefaçon sanctionnée par les articles 425 et suivants du Code pénal.

18. Participe passé avec le pronom adverbial *en* 32

19. Participe passé avec le pronom neutre *l'* 34

20. Participes passés avec *avoir* : *couru, coûté, mesuré, pesé, valu, vécu* 35

21. Participes passés avec *avoir* : *dormi, duré, marché, régné* 37

22. Participe passé suivi d'un infinitif 38

23. Participe passé suivi d'un infinitif précédé de la préposition *à* ou *de* 40

24. Participe passé précédé de *que* et suivi de *que* ou *qui* 41

25. Participes passés : *donné, eu* suivis de la préposition *à* et d'un infinitif 43

26. Participes passés : *fait, laissé* suivis d'un infinitif 45

27. Participes passés : *dû, pu, su, voulu* suivis d'un infinitif sous-entendu 47

28. Participes passés : *dit, cru, permis, osé, pensé, prétendu* suivis d'un infinitif ou infinitif sous-entendu 48

■ **29. Participe passé des verbes pronominaux :**
les verbes essentiellement pronominaux 50

30. Participe passé des verbes pronominaux réfléchis (1) ... 52

31. Participe passé des verbes pronominaux suivis d'un attribut du pronom réfléchi (2) 54

32. Participe passé des verbes pronominaux réciproques ... 55

33. Participe passé des verbes pronominaux sans complément d'objet direct 57

34. Participe passé des verbes pronominaux de sens passif 59

35. Participe passé des verbes pronominaux suivis d'un infinitif 60

■ **36. Participe passé des verbes impersonnels** 62

EXERCICES DE RÉVISION 64

CORRIGÉS DES EXERCICES 72

INDEX 77

1 | PARTICIPE PASSÉ SANS AUXILIAIRE

> Le participe passé employé sans auxiliaire, c'est-à-dire **sans** le verbe **être** ou **avoir**, **s'accorde** en genre et en nombre **avec le pronom** auquel il se rapporte. Il se comporte comme un adjectif.
> — L'an **passé**, l'année **passée**.
>
> Le nom ou le pronom auquel se rapporte le participe passé peut être placé **après** lui.
> — À peine **arrivés**, les convives ont mis la main à la pâte.
> → Le participe passé **arrivés** s'accorde avec le nom **convives**, placé après lui.
>
> *ATTENTION*
> • Dans les actes officiels, **soussigné** s'accorde avec le pronom et le nom propre qui l'accompagnent.
> — Je soussign**ée** Béatrice Dupont.

=== EXERCICES ===

1 Remplacez l'infinitif entre parenthèses par un participe passé. Ecrivez votre réponse à droite.

— la lampe, (**poser**) sur la table, éclairait faiblement la pièce. .... **posée** ....

1. L'enfant, (**aliter**), avait de la fièvre et gémissait. ....

2. Leurs achats (**faire**), elles revinrent à la maison. ....

3. (**Absorber**) par les tâches quotidiennes, certaines personnes oublient les valeurs essentielles de l'existence. ....

4. Elle avait aimé cette journée (**passer**) dans l'oisiveté. ....

5. Une fois les femmes et les enfants
(***évacuer***), la guerre reprit.   ....

6. Elles sont loin, les journées
(***ensoleiller***) de l'été !   ....

---

2 *Même exercice.*

1. (***Interroger***) par le juge, l'accusé est
passé aux aveux.   ....
2. Cet éducateur est un voyou (***repentir***). ....
3. Il se rappelle avec amertume la
promesse (***faire***) et non (***tenir***).   ....
4. Le bon sens est la chose du monde
la mieux (***partager***).   ....
5. Faute (***avouer***) est à demi
(***pardonner***).   ....
6. La prairie, (***border***) par un ruisseau,
offrait un spectacle reposant.   ....

---

3 *À partir de l'infinitif indiqué, remplacez les pointillés par la terminaison qui convient.*

—— **Manquer.** *Voilà une occasion **manquée.***

1. ***Admettre.*** Les étudiants ***adm***...... à l'examen sont heureux.
2. ***Connaître.*** C'est un écrivain peu ***conn***...... du grand public.
3. ***Finir.*** Les vacances ***fin***......, il faut penser à la rentrée.
4. ***Réveiller.*** Les enfants, ***réveill***...... par la lumière,
se levèrent de bonne heure.
5. ***Éblouir. Éblou***......, les femmes se bousculaient devant
les vitrines .
6. ***Passer.*** Il est deux heures et demie ***pass***......
7. ***Livrer. Livr***...... à eux-mêmes, les enfants s'ennuient parfois.
8. ***Résoudre. Résol***...... à réussir, elle est prête à tout.

2 | PARTICIPES PASSÉS : APPROUVÉ, ATTENDU, CERTIFIÉ, COMPRIS, NON COMPRIS, Y COMPRIS, EXCEPTÉ, ÔTÉ, PASSÉ, SUPPOSÉ, VU

Ils restent **invariables** lorsqu'ils sont placés immédiatement **avant le nom** ou **le pronom**.

— **Excepté** les enfants, tout le monde doit partir.

Ils **s'accordent** lorsqu'ils sont placés **avant** le nom ou le pronom **par simple** inversion.

— **Vue** sous cet angle, la situation est différente.
Vue se rapporte à **situation**, → donc accord.

Ils **s'accordent** lorsqu'il sont placés **après** le nom ou le pronom.

— Les enfants **exceptés**, tout le monde doit partir.

ATTENTION

- **Ôté** est invariable quand il est placé après un nombre employé seul.

— Quinze ôt**é** de trente, il reste quinze.

- Dans l'expression **Lu et approuvé** qui précède la signature d'un document officiel, les participes passés restent invariables.

=== EXERCICES ===

4 *Remplacez les pointillés par la terminaison qui convient.*

— **Attend**...... vos diverses expériences, vous devez avoir beaucoup à raconter. → **attendu**

1. **V**...... le temps, nous pouvons partir en promenade sans crainte de la pluie.
2. **Pass**...... cinq heures de l'après-midi, il n'y a plus de lumière.
3. Tous les invités s'amusaient, **y compr**...... les personnes âgées.

4. **Pass**...... certaines limites, la décontraction est insupportable.
5. Longtemps **attend**......, elle fut accueillie à bras ouverts.
6. **V**...... de notre balcon, la montagne était superbe.

5 Même exercice.

1. Lisez tout, la préface **y compr**......
2. **Attend**....... mes difficultés financières, je renonce à partir cette année.
3. Cet article vaut cent francs, TVA **non-compr**......
4. Ce livre est intéressant, quelques longueurs **except**......
5. Apportez une copie **certifi**...... conforme de votre diplôme.
6. Vingt-sept **ôt**...... de soixante, combien reste-t-il ?

6 Même exercice.

1. La soixantaine **pass**......, elle avait toujours le teint frais et la mine détendue.
2. Ils ne sont arrivés qu'à onze heures **pass**......
3. **V**...... la conjoncture économique, il ne faut pas se plaindre.
4. Ce livre est intéressant, **except**...... quelques longueurs.
5. Tout est compris, les déplacements **except**......
6. **Ot**...... les dernières pages, cette pièce de théâtre n'a rien de tragique.

3 | PARTICIPES PASSÉS :
CI-JOINT, CI-INCLUS, CI-ANNEXÉ

■ Ils restent **invariables** s'ils sont **placés en tête de phrase**.
— ***Ci-joint*** copie de ma lettre.

■ Ils restent **invariables** s'ils sont **suivis d'un nom sans article**.
— Vous trouverez ***ci-joint*** copie de ma lettre.

■ Ils **s'accordent** généralement quand ils sont **suivis d'un nom avec article**.
— Vous trouverez ***ci-incluse*** la copie de ma lettre.

■ Ils **s'accordent** généralement quand ils sont placés **après** le nom.
— Vous trouverez copie de ma lettre ***ci-annexée***.

ATTENTION

● Le verbe *inclure*
Inclure a pour participe passé ***inclus***, ***incluse***.

EXERCICE

7 *Mettez au participe passé les infinitifs entre parenthèses. Ecrivez vos réponses à droite.*

— Veuillez lire la note ci-(**joindre**).   ......***ci-jointe***......

1. Je vous fait parvenir ci-(***joindre***) la facture des travaux.   ....

2. Pourriez-vous me renvoyer la copie ci-(***joindre***) ?   ....

3. Vous trouverez la lettre de votre père ci-(***inclure***).   ....

4. J'ai le plaisir de vous adresser ci-(***annexer***) deux chèques de mille francs.   ....

5. Ci-(***inclure***) la documentation que vous m'avez demandée.   ....

4 PARTICIPES PASSÉS :
ÉTANT DONNÉ, MIS À PART, FINI

■ Ils sont traditionnellement **invariables** s'ils sont placés **en tête de phrase**, juste **avant** un nom. (voir Annexe p. 63)
— ***Etant donné*** (***mis à part***) *les circonstances...*

■ Ils **s'accordent** avec le nom s'ils sont placés **après** ce nom.
— *Les fautes d'orthographe **mises à part**...*
*Les beaux jours **finis**...*

ATTENTION

• Lorsque ***étant donné*** est suivi de ***que***, le participe passé **donné** est toujours invariable.

• ***Fini*** en tête de phrase peut s'accorder si l'on considère que l'auxiliaire **être** est sous-entendu.
— ***Fini(e)** la vie facile !*

• ***Fini*** suivi d'un infinitif reste invariable.
— ***Fini** de rire !*

═══════════════ EXERCICE ═══════════════

8 *Remplacez les infinitifs entre parenthèses par des participes passés.*

— (**Mettre à part**) *son objection, la décision a été votée à l'unanimité.* ....**Mis à part**......

1. Les réserves de M. Dupont (***mettre à part***), tous sont tombés d'accord. ....
2. Étant (***donner***) ses goûts, cela devrait lui plaire. ....
3. (***Finir***) les longues soirées d'été ! ....
4. (***Mettre à part***) les fautes de pagination, le livre est réussi. ....
5. Cette frayeur (***mettre à part***), tout s'est très bien passé. ....

5 | PARTICIPE PASSÉ AVEC L'AUXILIAIRE ÊTRE

Le participe passé conjugué avec **l'auxiliaire être s'accorde** en genre et en nombre **avec le sujet du verbe**.

— *Ils sont **arrivés** hier.*

Si le sujet est **on**, ou **ce, cela**, le participe passé **s'accorde** au masculin singulier.

— *On est **venu** te chercher.*
*C'est **devenu** une belle fleur.*

Si le sujet est **nous** ou **vous** désignant une seule personne, le participe passé **s'accorde** au singulier.

— *Vous êtes-vous **décidée** pour un article, Madame ?*
(**Vous** de politesse).

ATTENTION

- **Nous** (pluriel de modestie) peut être utilisé par un auteur ou un étudiant, pour éviter le **je**.

— *Dans ce travail, nous nous sommes **penché** sur le problème de la traduction.*

═══════════ EXERCICES ═══════════

9 *À partir de l'infinitif indiqué, remplacez les pointillés par le participe passé.*

— **Corriger**. *Les copies sont ..**corrigées**..*

1. **Régler**. Mes problèmes ne sont pas encore ....
2. **Entrer**. Les juges sont .... solennellement.
3. **Parvenir**. Cette lettre vous est .... hier.
4. **Terminer**. Quand les vacances seront ...., les arbres auront leurs couleurs d'automne.
5. **Enfermer**. Tant qu'il pleut, nous sommes ....
6. **Voir**. C'est tout .... !

10 Même exercice.

1. **Admettre**. Tous les élèves ont été .... dans la classe supérieure.
2. **Emouvoir**. Ils sont .... jusqu'aux larmes de revoir tous ceux qu'ils aiment.
3. **Descendre**. Elle est .... pour déjeuner.
4. **Aller**. On est .... tous les jours se promener près de la rivière.
5. **Prévenir**. Elle a été .... par coursier.

11 Remplacez les infinitifs entre parenthèses par des participes passés.

— Soyez (**assurer**), cher Monsieur, de nos sentiments les meilleurs. .....**Soyez assuré**....

1. Christine, pourquoi êtes-vous ainsi (**préoccuper**) ? ....
2. Dans cette étude, nous nous sommes (**intéresser**) à la démographie française au XIXe siècle. ....
3. Madame, avez-vous été (**informer**) du comportement de votre fils ? ....
4. Êtes-vous (**aller**) vous promener seule ? ....
5. Elle aurait été (**satisfaire**) si elle avait été première. ....

6 PARTICIPE PASSÉ PRÉCÉDÉ D'UN PRONOM RELATIF SUJET

Le participe passé précédé du pronom relatif sujet **"qui"** s'accorde avec le nom que ce pronom relatif représente (c'est-à-dire l'antécédent).

— *Les lettres qui sont **postées** après 15 heures partent le lendemain.*

→ Le sujet du verbe est *qui*, pronom relatif qui représente **lettres**, donc accord du participe passé au féminin pluriel.

EXERCICES

12 *Remplacez l'infinitif entre parenthèses par le participe passé.*

— Les enfants qui sont (**arriver**) jouent dans le jardin. ....**arrivés**.......

1. Voici la femme qui est (**devenir**) sa mère.
2. Tous ceux qui sont (**attrister**) par son départ me comprendront.
3. Il a tiré parti de l'énergie qui lui est (**rester**).
4. Les animaux qui sont bien (**nourrir**) sont très affectueux.

13 *Même exrecice.*

1. Voici les amis qui se sont (**occuper**) de mes enfants.
2. La fille est celle qui est le plus (**attacher**) à sa mère.
3. Regardez la liste des candidats qui ont été (**admettre**).
4. C'est elle qui a été bien (**surprendre**) !

7 | PARTICIPE PASSÉ EMPLOYÉ COMME ATTRIBUT

Le participe passé employé comme **attribut du sujet** (après un verbe d'état comme *être, sembler, paraître*) **s'accorde avec le sujet** auquel il se rapporte.

— *Elle semble fatiguée.*
  → *Fatiguée* est attribut du sujet *elle*, donc accord avec le sujet au féminin pluriel.

Le participe passé employé comme **attribut du complément d'objet** (après un verbe d'opinion comme *trouver, croire, juger*) **s'accorde avec le complément d'objet** auquel il se rapporte.

— *Ces fleurs, vous les trouvez fanées.*
Vous trouvez quoi ? *les* (= les fleurs) fanées.
→ *Fanées* est attribut du complément d'objet *les*, donc accord au féminin pluriel.

ATTENTION

L'expression : *avoir l'air*

● soit *avoir l'air* est considéré comme un verbe d'état (= sembler), et le participe passé s'accorde avec le sujet.
— *Elle a l'air* (elle semble) *terrifiée*.
● soit le mot *air* a la valeur d'un nom (= avoir un air), et le participe passé s'accorde avec *air* au masculin singulier.
— *Elle a l'air* (un air) *terrifié*.

===== EXERCICES =====

14 *Remplacez les infinitifs entre parenthèses par des participes passés.*

— *Ils paraissent* (**abasourdir**).   ....*abasourdis*..........

1. Nous sommes restés trop longtemps (*attabler*)   ....

2. La grille n'a pas encore été (***peindre***). ....

3. Elle paraît (***épuiser***) de fatigue. ....

4. Ils ont paru (***résigner***) à leur sort. ....

5. Elle semble bien (***adapter***). ....

---

15 *Même exercice.*

1. Les filles sont restées comme (***priver***) de voix. ....

2. J'ai cru les enfants (***partir***). ....

3. Il a vu Corinne et l'a trouvée (***épuiser***). ....

4. Vous avez à tort jugé cette besogne (***terminer***). ....

5. Ces arbres, on les dirait (***brûler***) par la sécheresse. ....

---

16 *Même exercice.*

1. À ce stade, elle a estimé son travail (***finir***). ....

2. Il a cru sa chienne (***perdre***). ....

3. Ils avaient l'air (***agacer***). ....

4. Elle s'est sentie (***abandonner***). ....

8 PARTICIPE PASSÉ DES VERBES CONJUGUÉS À LA VOIX PASSIVE

> Le participe passé des verbes conjugués **à la voix passive s'accorde** en genre et en nombre **avec le sujet**.
> — *Elles sont **applaudies** à chaque spectacle.*

═══ EXERCICES ═══

17 *Remplacez les infinitifs entre parenthèses par des participes passés.*

— *L'Assemblée Nationale a été (**dissoudre**) par le Président de la République.* ...**a été dissoute**..

1. Ces roses ont été (***cueillir***) trop tôt. ....
2. Ses cheveux avaient été (***tresser***) pour la circonstance. ....
3. Leur identité n'a pas été (***révéler***). ....
4. Cette société a été (***créer***) il y a deux ans. ....
5. Nous avons été (***surprendre***) par l'orage. ....

18 *À partir de l'infinitif indiqué, remplacez les pointillés par le participe passé.*

— ***Éteindre***. *Les lumières ont été **éteintes**.*

1. ***Saluer***. Le public a été .... par les acteurs.
2. ***Envoyer***. La déclaration a été ....
3. ***Prévenir***. La police a-t-elle été .... ?
4. ***Préparer***. Un repas avait été ....
5. ***Résoudre***. Ces problèmes sont ....
6. ***Apprendre***. Leurs leçons sont ....
7. ***Promettre***. Ces merveilles ont été .... en vain.

9. PARTICIPE PASSÉ AVEC L'AUXILIAIRE AVOIR

Le participe passé conjugé avec l'auxiliaire **avoir** ne **s'accorde jamais avec le sujet**.

— *Il a **souri**. Elles ont **souri**.*

Il **s'accorde** en genre et en nombre avec le **complément d'objet direct** quand celui-ci est placé **avant** le verbe.

— *Les efforts que nous avons **faits**.*

→ Nous avons fait quoi ? ***que*** mis pour **efforts**. Le complément d'objet direct est placé avant le verbe, donc accord du participe passé avec ce COD.

Il reste **invariable** quand le complément d'objet est placé **après** le verbe ou quand il n'y a pas de COD.

— *Nous avons **fait** des efforts.*

→ Nous avons fait quoi ? ***des efforts***. Le complément d'objet direct est placé après le verbe, donc le participe passé ne s'accorde pas.

ATTENTION

- Bien identifier le complément d'objet direct :

— *Moi, si patiente d'habitude, je ne sais pas ce qui **m**'a pris !*

→ ***M'*** n'est pas le complément d'objet direct du verbe, mais son complément d'attribution (= à moi), donc le participe passé reste invariable.

═══ EXERCICES ═══

19 *Remplacez les infinitifs entre parenthèses par des participes passés*

— *Il a (**cueillir**) des fleurs.* ....**cueilli**............

1. Elle n'a jamais (***admettre***) ses erreurs. ....

2. N' a-t-elle pas (***surprendre***) tout le monde ? ....

3. Qu'avez-vous (**décider**) ? ....
4. Nous avons (**voir**) le soleil se lever. ....

20 Même exercice.

1. Depuis lundi, nous avons (**retrouver**) nos habitudes. ....
2. Êtes-vous sûrs d'avoir bien (**comprendre**) ? ....
3. Il leur a (**parler**) longtemps. ....
4. S'ils avaient (**savoir**), ils auraient (**travailler**) plus régulièrement. ....

21 À partir de l'infinitif indiqué, remplacez les pointillés par le participe passé
Mordre. *J'ai **mordu** la plus belle pomme.*

1. **Avoir**. Quelles belles vacances nous avons ....!
2. **Dire**. Vous n'imaginez pas quelles injures il m'a ....!
3. **Commettre**. Elle a .... des erreurs.
4. **Connaître**. Quelles difficultés avez-vous ....?
5. **Boire**. Dites-moi tout : quels vins ont-ils ....?

22 Même exercice

1. **Cueillir**. Voici les roses que j'ai .... dans le jardin.
2. **Lire**. Il voulut savoir quels livres elle avait ....
3. **Choisir**. Ils ont .... leurs amis.
4. **Apprendre**. Ce sont les choses que j'ai...........................
5. **Retenir**. Je n'ai pas .... toutes les dates.

10 PARTICIPE PASSÉ ET PRONOM PERSONNEL COD

> Le participe passé conjugué avec l'auxiliaire **avoir** **s'accorde** en genre et en nombre avec le pronom personnel complément d'objet direct placé **avant** le verbe.
>
> —— *Ces lettres, il les a **envoyées**.*
>
> → Il a envoyé quoi ? ***les*** mis pour ***lettres***, le COD est placé avant le verbe donc accord du participe passé au féminin pluriel.

=== EXERCICES ===

23 Remplacez les infinitifs entre parenthèses par des participes passés

—— *Ils étaient coupables, on les a (**punir**).* .... ***punis*** ....

1. Les filles ? Nous les avons (***rejoindre***) au cinéma. ....
2. Partez devant, nous vous aurons vite (***rattraper***). ....
3. Tous ses secrets, nous les avons (***savoir***). ....
4. Je vous ai (***avertir***) pour que vous ne recommenciez plus ....

24 Même exercice.

1. Vous voyez cette banque : des bandits l'ont (***attaquer***) hier. ....
2. Ces vieilles planches, mon père les a (***avoir***) pour trois fois rien. ....
3. Regardez ses mains, les travaux les ont (***durcir***). ....
4. Alors, tu l'as (***voir***), la tour Eiffel ? ....

25. Accordez les participes passés entre parenthèses.

— Je l'ai (**fait**), cette sale besogne, et je n'en suis pas morte !   *je l'ai faite*

1. Ils nous ont tellement (**devancé**) qu'ils nous ont (**perdu**).
2. Félicitez-le pour ces belles cerises : c'est lui qui les a (**cueilli**).
3. Cette forêt, ils l'ont (**parcouru**) en tous sens.
4. Tous ces livres de mon enfance, je les ai (**relu**) avec plaisir.
5. Quand la cantatrice est arrivée, ils l'ont (**applaudi**) à tout rompre.

26. Même exercice.

1. Vos enfants ne vont pas tarder : je les ai tout juste (**raccompagné**) au métro.
2. Les conséquences de cette affaire, je les avais (**prévu**).
3. Ces lettres, elle dit les avoir (**reçu**).
4. Ces lettres, les avez-vous (**écrit**) ?
5. Ta leçon, l'as-tu bien (**compris**) ?

11 | PARTICIPE PASSÉ ET PRONOM RELATIF COD

■ Le participe passé conjugué avec l'auxiliaire **avoir** **s'accorde** en genre et en nombre avec le pronom relatif objet (**que ou qu'**) placé **avant** le verbe.

—— *J'aime beaucoup les fleurs champêtres que tu as **cueillies** ce matin.*

Tu as cueilli quoi ? **que** mis pour **fleurs**, donc accord du participe passé au féminin pluriel avec le pronom relatif **que**, placé avant le verbe.

■ Si le pronom relatif objet est indéfini (**ce que**), **l'accord** du participe se fait au masculin singulier.

—— *Il ne faut pas oublier ce que nous a **appris** l'expérience.*

→ L'expérience nous a appris quoi ? **ce que**, donc accord au masculin singulier.

═══ EXERCICES ═══

27 *Accordez les participes passés entre parenthèses.*
—— Les plats que vous avez (**cuisiné**). .... *cuisinés* ....

Je vous rends les documents que vous m'avez (**prêté**). ....

Le chef d'orchestre était entouré de musiciens qu'il avait souvent (**dirigé**). ....

La mer, qu'avait longtemps (**réchauffé**) le soleil, était tiède. ....

Les musées que nous avons (**visité**) nous ont séduits. ....

Elle se rappelle les vacances qu'elle a (**passé**) en Grèce. ....

Et elle contemple les photographies qu'elle y a (**pris**). ....

28 *Même exercice.*

1. Ils déplorent toutes les erreurs qu'ils ont (***fait***). ....
2. Tu aurais dû voir la tête qu'il a (***fait***). ....
3. Il était révolté des injustices qu'avait (***commis***) à son égard l'administration. ....
4. Elle suit respectueusement la voie que ses maîtres lui ont (***tracé***). ....
5. Je suis fière de la situation que j'ai (***conquis***) à force de travail. ....
6. Devons-nous regretter tout ce que nous n'avons pas (***réalisé***) ? ....

29 *Même exercice.*

1. Ses parents, qu'il avait (***perdu***) très jeune, étaient commerçants. ....
2. Je n'ai rien oublié de ce que vous avez (***dit***) ....
3. Ils pensent aux amis qu'avaient (***reçu***) leurs filles. ....
4. J'ai reçu toutes les lettres que vous m'avez (***écrit***). ....
5. C'était la question que les étudiants avaient (***posé***). ....
6. Nous avons approuvé toutes les décisions que vous avez (***pris***). ....
7. Elle n'a pas accepté les excuses qu'il lui a (***fait***). ....

12 | PARTICIPE PASSÉ PRÉCÉDÉ D'UN COD ET SUIVI D'UN ATTRIBUT DU COD

■ Le participe passé **s'accorde** généralement s'il est **précédé** d'un COD et **suivi** d'un attribut de ce COD.
— *Marie, je l'ai **trouvée** changée.*
→ **L'** mis pour **Marie** est COD et placé avant le verbe, donc accord du participe passé au féminin singulier.

■ Le participe passé reste généralement **invariable** si le complément d'objet direct est en réalité **une proposition**.
— *Marie ? Je l'ai toujours **cru** heureuse.*
→ (= **j'ai toujours cru qu'elle était heureuse**), donc pas d'accord du participe passé.

■ Le participe passé **s'accorde** toujours avec le COD quand l'attribut du COD est introduit par une **préposition : à, de, comme, pour**.
— *Marie, je l'ai **choisie** pour marraine.*

═══════════ EXERCICES ═══════════

30 *Remplacez les infinitifs entre parenthèses par des participes passés.*

— Je l'aurais (**préférer**) furieuse plutôt que cynique. ....**préférée**........

1. Elle était si triste qu'on l'aurait (**dire**) en deuil. ....
2. Tout le monde l'avait (**souhaiter**) indépendante. ....
3. Ces régions qu'on a (**déclarer**) si belles m'ont beaucoup déçue. ....
4. Cette maison, je l'aurais (**aimer**) plus grande. ....

5. Quand j'ai revu ma grand-mère, je l'ai (***trouver***) vieillie. ....

6. C'était mon idée, et il l'a (***faire***) sienne. ....

---

31 *Même exercice.*

1. Je regrette d'avoir suivi ces cours que j'avais (***croire***) utiles. ....

2. Les médecins l'ont (***tenir***) pour folle. ....

3. Voilà des événements qu'il a (***juger***) invraisemblables. ....

4. Ces livres qu'il a (***trouver***) intéressants. ....

5. On les a (***élire***) comme déléguées. ....

6. On a retrouvé les tableaux qu'on avait (***dire***) perdus. ....

---

32 *Même exercice.*

1. Ces arbres, on les a longtemps (***croire***) malades. ....

2. Ce jour-là, je l'ai vraiment (***voir***) heureuse. ....

3. Je ne l'avais jamais (***penser***) si cultivée. ....

4. Cette route, on me l'a (***indiquer***) comme la plus facile. ....

5. On les a (***traiter***) de paresseuses. ....

13 | PARTICIPE PASSÉ AVEC UN PRONOM REMPLAÇANT DES NOMS

Quand le complément d'objet placé **avant** le participe passé conjugué avec l'auxiliaire **avoir** est un pronom remplaçant des noms masculins et féminins, **l'accord** se fait au masculin pluriel.

—— Filles et garçons, il les a **punis**.

→ **Les** représentent **filles** et **garçons**, donc accord au masculin pluriel.

—— L'histoire et le roman que nous avons **lus** avec plaisir.

→ **Que** représente **l'histoire** et le **roman**, donc accord au masculin pluriel.

EXERCICE

33 *Accordez les participes passés entre parenthèses.*

—— Il a convoqué Hélène et François et les a vivement (**sermonné**). ...... **sermonnés** .....

1. Ces instructions, ces règlements, elle les avait toujours (**suivi**) à la lettre. ....
2. Comment aurais-je pu imaginer l'incertitude et le soupçon qu'avait (**éveillé**) mon attitude ? ....
3. Vous ne savez rien des souffrances et des remords qu'elle a (**ressenti**). ....
4. Il refit le tour de la maison : les portes et les volets, il les avait soigneusement (**fermé**). ....
5. Il retrouva la pelle, le rateau qu'il avait (**laissé**) dans le jardin. ....

4. Participe passé avec QUE et deux antécédents

Si les deux antécédents sont liés par une conjonction de comparaison, deux cas sont possibles :

- **Les antécédents sont associés dans l'esprit du locuteur**, le participe passé s'accorde au pluriel.

    —— C'est sa bonté ainsi que sa simplicité que nous avons **admirées**.

- **Le locuteur privilégie l'un des antécédents**, il l'énonce en premier, et le participe passé s'accorde avec le premier des deux antécédents.

    —— C'est son mérite personnel, autant que ses relations, qu'on a **pris** en compte.

Si les deux antécédents sont coordonnés par **ou**, **ni**, deux cas sont possibles :

- **Le locuteur met à égalité les deux antécédents**, le participe passé s'accorde au pluriel.

    —— La peur ou la misère, qu'on a toujours **considérées** comme des fléaux, expliquent bien des crimes.

- **Les antécédents sont séparés dans l'esprit du locuteur**, l'accord se fait avec le deuxième antécédent.

    —— Ce n'est ni elle ni lui qu'ils ont **élu** pour chef.

Exercices

34 *Accordez les participes passés entre parenthèses.*

—— Ce n'est ni la fortune, ni l'honneur que cet homme a (**recherché**). ..... **recherchés** .....

1. C'est une caricature plus qu'un portrait que vous avez (**proposé**) là. ....
2. C'est la gravure comme la sculpture qu'il a toujours (**pratiqué**). ....
3. Est-ce ton frère ou ta soeur que tu as le plus (**aidé**) ? ....

4. Est-ce une comédie ou un drame que vous avez (***joué***) ? ....

5. C'est son ambition, aussi bien que son courage, qu'on a (***salué***). ....

---

35 *Même exercice.*

1. N'est-ce pas sa gentillesse, plus que son talent, que tu as (***considéré***) ? ....

2. C'est son talent ainsi que sa gentillesse que j'ai (***pris***) en compte. ....

3. C'est sa modestie autant que son intelligence que l'on a (***reconnu***). ....

4. Ce n'est certainement ni elle ni sa mère que j'aurais (***invité***). ....

---

36 *Même exercice.*

1. Est-ce le rire ou l'émotion que vous avez le plus (***apprécié***). ....

2. Ce n'est ni l'homme ni sa réussite que l'on a (***jugé***). ....

3. C'est lui aussi bien qu'elle que j'ai (***choisi***) pour amis. ....

4. Le charme comme l'élégance, que l'on a tant (***aimé***) en lui, ont rendu cet acteur inoubliable. ....

5. PARTICIPE PASSÉ AVEC : COMBIEN DE, QUE DE, LE PEU DE, TANT DE

Si l'adverbe et son complément sont placés **avant** le participe passé, **l'accord** se fait avec le **complément de l'adverbe**.

— Combien de fautes as-tu **faites** ?

→ Accord du participe passé avec le nom **fautes**, placé avant.

Si le complément de l'adverbe est placé **après** le participe, le participe passé reste **invariable**.

— Combien as-tu **fait** de fautes ?

→ **Fautes**, complément de l'adverbe **combien**, est placé après le participe, il n'y a pas d'accord.

Si l'adverbe et son complément sont placés **après** le participe, n'y a **pas d'accord**.

— Elle a **montré** trop d'impatience.

ATTENTION

● Avec la locution adverbiale **le peu de** + complément, le participe passé s'accorde **soit** avec la locution **soit** avec le complément.

— Le peu de nourriture qu'il a **avalé** explique sa faiblesse. → On insiste sur **le peu**.

— Le peu de nourriture qu'il a **avalée** l'a sauvé.
→ On insiste sur **la nourriture**.

═══════════ EXERCICES ═══════════

37 Accordez les participes passés entre parenthèses.

— Que de craintes j'ai (**eu**) à son sujet ! ....**eues**............

1. Combien de jours avez-vous (**passé**) à la montagne ? ....
2. Jamais il n'avait (**couru**) tant de kilomètres. ....

3. Combien d'estime crois-tu avoir (**gagné**) ? ....

4. Que de rêves il a (**fait**) ! ....

5. Combien as-tu (**gagné**) de pièces de cinq francs ? ....

---

38 *Même exercice.*

1. Que de difficultés il a (**soulevé**), tu ne peux pas imaginer ! ....

2. Combien avez-vous (**vu**) de films ce mois-ci ? ....

3. Que de problèmes il a (**créé**) ! ....

4. Que d'espérances elle a (**eu**) ! ....

Que de soucis il m'a (**coûté**) ! ....

---

39 *Accordez les participes passés entre parenthèses.*

— *Je suis choquée du peu d'honnêteté que vous avez* (**montré**)   ....**montré**.........

1. Le peu de chaleur qu'il a (**mis**) dans son accueil. ....

2. J'ai été offensée du peu de confiance que vous m'avez (**témoigner**). ....

3. Elle a su exploiter le peu d'explications qu'elle a (**reçu**). ....

4. Il a échoué à cause du peu de patience qu'il a (**eu**). ....

5. Le peu de livres qu'elle a (**lu**) l'ont marquée. ....

6. Le peu de volonté qu'il a (**montré**) m'inquiète. ....

6. PARTICIPE PASSÉ AVEC :
UNE MULTITUDE DE, UNE FOULE DE, UNE ESPÈCE DE, LE QUART, LA MOITIÉ

■ Le participe passé **s'accorde** avec le nom collectif, ou le nom de fraction, si le locuteur considère les éléments **en bloc**.

— *La multitude d'oiseaux que nous avons **vue**.*
→ Le locuteur n'insiste pas sur ***les oiseaux***, mais sur le fait qu'ils étaient ***une multitude***.

— *Cette espèce d'appareil est **tombée** en panne.*
→ Le locuteur insiste sur ***l'espèce***, donc accord au féminin singulier.

■ Le participe passé **s'accorde** avec le complément du nom collectif, si le locuteur considère les éléments **en détail**.

— *Il a aimé la plupart des villes qu'il a **visitées**.*
→ Le locuteur s'intéresse ici ***aux villes***, à leur diversité.

— *Une espèce de clochard est **couché** sous le pont.*
→ Le locuteur insiste sur ***l'individu***, et non sur ***l'espèce*** qu'il représente, donc accord au masculin singulier.

===== EXERCICES =====

40 *Accordez les participes passés entre parenthèses.*
— *La moitié de la ville a été (**bombardé**). ......**bombardée**......*

1. Tu reconnais la plupart des enfants que tu as (***rencontré***). ....
2. Une foule de personnes s'est (***pressé***) pour voir passer le défilé. ....
3. C'est le quart de la récolte que le feu a (***détruit***). ....
4. Voilà le type de recherches qu'il a (***mené***). ....
5. Plus de la moitié de son rapport est (***écrit***). ....

6. Une partie du groupe seulement est (**allé**) au musée. ....
7. Il s'est rappelé une foule de détails qu'il avait (**oublié**). ....
8. C'est un dixième des revenus qui était (**perçu**). ....

41 Même exercice.

1. On pouvait éviter un tiers des accidents qu'on a (**signalé**). ....
2. C'est cette sorte de livres qu'il a (**écrit**). ....
3. C'est ce groupe d'amis qu'elle a (**réuni**). ....
4. Un tiers des candidats a été (**reçu**). ....
5. Ce n'est pas cette sorte d'expériences qu'il a (**fait**). ....
6. Sais-tu le genre de filles qu'il a (**rencontré**) ? ....
7. La multitude d'étoiles que les astronomes ont (**dénombré**) ....
8. Il a retrouvé la plupart des amis qu'il avait (**connu**). ....
9. On a apprécié le genre de films qu'il a (**tourné**). ....

7 PARTICIPE PASSÉ AVEC :
UN DE (...) QUE, UN DE CEUX QUE

> Employé avec **un de (...) que**, le participe passé **s'accorde** avec le pronom singulier **un** ou avec **le nom selon l'intention du locuteur**. L'accord se fait le plus souvent au pluriel.
>
> —— *Un de mes cousins qu'elle a **épousé**.*
> → Accord du participe passé avec ***un*** au masculin singulier.
>
> —— *Un des hommes que j'ai **rencontrés**.*
> → Accord du participe passé avec le nom ***hommes*** au masculin pluriel.
>
> Employé avec **un de ceux que** (une de celles que), le participe passé **s'accorde** normalement au pluriel.
>
> —— *Un de ceux que j'ai **rencontrés**.*

=== EXERCICE ===

42 *Mettez au participe passé les infinitifs entre parenthèses.*

—— Je vous rapporte un des livres que
vous m'avez (**prêter**).   ..*prêtés ou prêté*...

1. Il mangea un des biscuits qu'il avait
   (**apporter**).   ....

2. Voici un des plus grands spécialistes
   que j'ai (**connaître**).   ....

3. Il a revu par hasard une des étudiantes
   qu'il avait (**avoir**).   ....

4. C'était une de celles qu'il avait (**aider**). ....

5. Cette histoire est l'une des plus
   touchantes que nous ayons (**lire**).   ....

6. C'est l'une de celles que j'ai (**préférer**). ....

18 PARTICIPE PASSÉ AVEC LE PRONOM ADVERBIAL EN

Le participe passé reste traditionnellement **invariable** après le pronom adverbial **"en"**, qui est neutre et partitif (il représente **"une partie de cela"**). (voir Annexes page 63)

— *Ces cerises, en avez-vous **mangé** ?*

Le participe passé reste **invariable** même si le pronom **en** est associé à un adverbe de quantité : **combien, beaucoup, tant, trop, plus.**

— *Des cerises, j'en ai tant **mangé** !*

ATTENTION

- Le pronom **en** ne doit pas cacher le vrai complément d'objet direct du verbe.

— *Il s'est servi de l'ordinateur : il apprécie l'aide qu'il en a **reçue**.*

→ Il a reçu quoi ? **qu'** mis pour **l'aide,** donc accord du participe passé au féminin singulier avec le complément d'objet placé avant le verbe. **En** n'est que le complément d'objet second.

EXERCICES

43 *Mettez au participe passé les infinitifs entre parenthèses*

— *Des étoiles filantes, en avez-vous (**voir**)?* ....**vu**............

1. De tous ces livres dont vous parlez, en avez-vous (***lire***) beaucoup ? ....
2. Des gens charmants, j'en ai (***connaître***) ! ....
3. Malheureusement, des imbéciles, j'en ai aussi (***voir***) beaucoup ! ....
4. Elle avait des yeux comme je n'en ai jamais (***voir***) à personne. ....

5. Des erreurs, honnêtement, combien en avez-vous (**faire**) ? ....

6. J'en ai tant (**entendre**), de ces jérémiades, que je ne les supporte plus. ....

---

44 Même exercice.

1. Des lettres, il en avait plus (**écrire**) que des livres. ....

2. Ce sont des amis comme j'en aurais (**aimer**). ....

3. Les nouvelles que nous en avons (**avoir**) sont inquiétantes. ....

4. Voici une maison telle que personne n'en a jamais (**construire**). ....

5. Des branches de lilas, nous en avons (**cueillir**). ....

6. Et nous en avons (**rapporter**) des brassées. ....

---

45 Même exercice.

1. Voilà des livres comme il en a toujours (**vouloir**). ....

2. Des fleurs que vous avez (**cueillir**), nous en avons (**mettre**) certaines dans un vase ....

3. Tu as eu plus de chance que je n'en ai (**avoir**). ....

4. Des conseils, elle en a (**recevoir**) plus qu'elle n'en voulait. ....

5. Des erreurs, tout le monde en a (**commettre**). ....

6. Il a vendu un tableau : la somme qu'il en a (**tirer**) est coquette. ....

19 | PARTICIPE PASSÉ AVEC LE PRONOM NEUTRE L'

Précédé du pronom neutre **l'**, le participe passé reste **invariable**.

— *Ce livre est moins difficile que je ne l'avais **imaginé***.

→ Le pronom neutre **_l'_**, qui équivaut à **cela**, représente la proposition entière : *que je n'avais imaginé qu'il était difficile*.

- Il est difficile de savoir si **l'** représente la proposition entière. Il peut parfois représenter un nom. Dans ce cas, le participe passé s'accorde avec ce nom.

— *Cette maison est plus grande que je ne l'avais **imaginée***.

→ Ici c'est **_la maison_** que j'ai imaginée ; pas le fait qu'elle soit grande.

- Dans la locution verbale **_l'échapper belle_**, le participe passé reste invariable.

— *Elle **l'a échappé** belle*.

ATTENTION

EXERCICE

46 *Mettez au participe passé les infinitifs entre parenthèses*

— La côte est plus sauvage que je ne l'avais (**espérer**).   ......**espéré**......
(que je n'avais espéré qu'elle serait)

1. Sa solitude était moins terrible qu'elle ne l'avait (**craindre**).   ....

2. Il ressentit une joie moins grande qu'il ne l'aurait (**croire**).   ....

3. Ils passèrent de bien meilleures vacances qu'ils ne l'avaient (**rêver**).   ....

4. J'ai trouvé cette épreuve plus dure que je ne l'avais (**croire**).   ....

5. L'entreprise s'est révélée moins ardue qu'on l'avait (**prétendre**).   ....

PARTICIPES PASSÉS :
COURU, COÛTÉ, MESURÉ, PESÉ, VALU, VÉCU

■ Ils sont **invariables** lorsque le complément placé avant le verbe est un **complément de mesure, de poids, de prix, de temps, de valeur**. C'est le cas le plus général.

— *Les deux kilos que ce paquet a **pesé**.*

→ Ce paquet a pesé combien ? ***deux kilos***. Il s'agit d'un complément de poids, donc pas d'accord du participe passé. (voir Annexe page 63).

■ Ils **s'accordent** avec le complément placé avant le verbe lorsque ce complément est **véritablement un complément d'objet direct**.

— *Les paquets que j'ai soigneusement **pesés** (= mis sur une balance).*

→ J'ai pesé quoi ? ***les paquets***. Il s'agit d'un complément d'objet direct, placé avant le verbe, donc accord au masculin pluriel.

═══ EXERCICES ═══

47 *Remplacez les infinitifs entre parenthèses par des participes passés.*

— Les quarante francs que ce livre m'a (**coûter**). ....***coûté***..........

1. Les dix minutes qu'il a (***courir***) ont suffi à l'essouffler. ....

2. Ils ont longtemps parlé des trois kilos qu'avaient (***peser***) les cerises qu'ils avaient cueillies. ....

3. Bien des épreuves ont marqué les trente ans qu'il a (***vivre***) en exil. ....

4. Les quarante kilos qu'a (***peser***) cette valise lui ont coûté un supplément de prix ....

5. Les conséquences, les avez-vous bien (***mesurer***) ? ....

6. Il a enrégistré les bagages qu'il avait (***peser***) ....

---

48 *Même exercice.*

1. Il était fier des rêves qu'il avait (***vivre***). ....

2. Cet appartement ne vaut pas les deux millions qu'il lui a (***coûter***). ....

3. Je n'oublierai pas les bons moments que j'ai (***vivre***) ici. ....

4. Les années de guerre qu'il avait (***vivre***). ....

5. Les trois kilos que ces pommes ont (***peser***). ....

6. L'architecte a inscrit les surfaces qu'il avait (***mesurer***) ....

---

49 *Même exercice.*

1. Les cent francs que m'a (***coûter***) cet ouvrage. ....

2. Il a accédé à la situation que lui avaient (***valoir***) ses efforts. ....

3. Les vingt kilomètres que nous avons (***courir***) nous ont épuisés. ....

4. Vous n'imaginez pas les efforts que m'a (***coûter***) ma rééducation. ....

5. Les dangers qu'il a (***courir***) l'ont traumatisé. ....

21 PARTICIPES PASSÉS :
DORMI, DURÉ, MARCHÉ, RÉGNÉ

> Les participes passés **dormi, duré, marché, régné** sont toujours **invariables**.
> — *Les trois années qu'il a **régné**.*
> → Il a régné combien de temps ? ***trois ans***. Il s'agit d'un complément de temps, et non d'un complément d'objet direct, donc pas d'accord.

═══ EXERCICES ═══

50 *Remplacez les infinitifs entre parenthèses par des participes passés.*

— La demi-heure qu'a (**durer**) la consultation. ....**duré**............

1. Il ne se sentait pas fatigué après les trois heures qu'il avait (***marcher***). ....
2. Pensez donc à toutes les années qu'a (***durer***) la guerre ! ....
3. Les quelques heures qu'elle a (***dormir***) lui ont permis de récupérer. ....
4. Les quatre-vingt-dix minutes qu'a (***durer***) ce film m'ont paru interminables. ....

51 *Même exercice.*

1. Les deux années qu'il a (***régner***) ont connu la paix. ....
2. Nous ne regrettons pas les vingt kilomètres que nous avons (***marcher***) pour voir ce panorama. ....
3. Pour son peuple, les quelques mois qu'il a (***régner***) sont inoubliables. ....

22 PARTICIPE PASSÉ SUIVI D'UN INFINITIF

- Le participe passé suivi d'un infinitif :

s'accorde avec le pronom complément d'objet placé avant lui **si celui-ci fait l'action** exprimée par l'infinitif.

— *Les musiciens que j'ai **entendus** jouer.*

→ J'ai entendu qui ? **_les musiciens_** (et ils jouaient), donc accord du participe passé au masculin pluriel.

reste **invariable** quand le complément d'objet direct **ne fait pas l'action** exprimée par l'infinitif.

— *La musique que j'ai **entendu** jouer.*

→ J'ai entendu quoi ? **_Jouer_**. Jouer quoi ? **_la musique_** (mais la musique ne joue pas, elle est jouée), donc le participe passé **entendu** reste invariable.

— *La pièce que j'ai **vu** représenter* (sous entendu : **par les comédiens**).

→ La pièce est représentée, donc le participe passé **vu** reste invariable.

=== EXERCICES ===

52 *Mettez au participe passé les infinitifs entre parenthèses*

— Les bûcherons que j'ai (**voir**) abattre ces arbres. ....**vus**............

1. Les enfants que j'ai (**regarder**) jouer. ....
2. Occupe-toi des petits que j'ai (**entendre**) crier. ....
3. Cette jeune fille que j'ai (**entendre**) se plaindre. ....
4. Je vous recommande ces livres que j'ai (**aimer**) lire. ....

5. Quelles sont les mesures qu'il a (***souhaiter***) prendre ? ....
6. Vous n'imaginez pas les larmes qu'il a (***voir***) couler ! ....

---

53 *Même exercice.*

1. Une vive émotion, que j'ai (***sentir***) grandir, m'a étreinte ! ....
2. La fermière que j'ai (***voir***) tuer un canard. ....
3. Les médecins pourraient dire combien de pleurs ils ont (***voir***) verser. ....
4. Tu as mis la robe que j'ai (***voir***) faire. ....
5. Voici la méthode que j'ai (***préférer***) suivre. ....
6. Quelle sonate avez-vous (***entendre***) jouer ? ....

---

54 *Même exercice.*

1. Voici la maison que j'ai (***voir***) bâtir. ....
2. C'est cette victoire qu'il avait (***espérer***) remporter. ....
3. Est-ce que ce sont les Martin que tu as (***entendre***) sonner ? ....
4. Surveille les enfants que j'ai (***envoyer***) jouer. ....
5. Ces arbres, je les ai (***regarder***) grandir patiemment. ....

23 Participe passé suivi d'un infinitif précédé de à ou de

• Le participe passé suivi d'un infinitif précédé de la préposition **à** ou **de** :

s'accorde avec le complément d'objet direct placé avant lui **si celui-ci fait l'action** exprimée par l'infinitif.

— *La robe que j'ai **mise** à sécher.*

→ J'ai mis quoi ? ***la robe*** (et elle sèche), donc accord du participe passé au féminin singulier.

reste **invariable** quand le complément d'objet direct placé avant lui **ne fait pas l'action** exprimée par l'infinitif.

— *Les règles qu'ils ont **appris** à respecter.*

→ Ils ont appris quoi ? ***à respecter*** et à respecter quoi ? ***les règles***. Mais les règles ne respectent pas, elles sont respectées, donc le participe passé reste invariable.

=== EXERCICE ===

55 *Mettez au participe passé les infinitifs entre parenthèses .*

1. Les comédiens que le directeur du théâtre a (***autoriser***) à jouer. ....
2. Quels services a-t-il (***offrir***) de vous rendre ? ....
3. Une pièce que l'Eglise a (***interdire***) de représenter. ....
4. Il a envoyé les lettres que tu lui as (***donner***) à poster. ....

4 PARTICIPE PASSÉ PRÉCÉDÉ DE QUE ET SUIVI DE QUE OU QUI

- Le participe passé précédé du pronom relatif **que** et suivi de la conjonction **que** :

reste **invariable** s'il a pour complément d'objet direct **la proposition qui suit**.

—— La chanson que j'ai **entendu** que vous chantiez.

→ J'ai entendu quoi ? **que vous chantiez une chanson**. C'est la proposition qui est complément d'objet, donc le participe reste invariable.

S'accorde avec le pronom relatif **que** si celui-ci est complément d'objet du participe.

—— Les amis que j'ai **informés** que je viendrais.

→ J'ai informé qui ? **que** mis pour **amis**, donc accord du participe passé au masculin pluriel.
(La proposition qui suit est complément d'objet second = informer de ceci, du fait que…)

Le participe passé précédé de la conjonction **que** et suivi du pronom relatif **qui** reste **invariable**.

—— Les amis que j'avais **prévu** qui viendraient.

→ J'avais prévu quoi ? non pas **les amis**, mais la proposition **que tels amis viendraient**, donc le participe passé reste invariable.

EXERCICES

56 *Mettez au participe passé le verbe entre parenthèses.*

1. La lettre que j'avais (***dire***) que j'écrirais. ....
2. Les médicaments que le médecin a (***espérer***) que vous prendriez. ....

3. Les messages que j'avais (***désirer***) que vous receviez avant votre départ. ....
4. Voici les clefs que j'ai (***croire***) que j'avais perdues. ....

---

57 *Même exercice.*

1. C'est elle que j'ai (***prévenir***) que vous arriveriez. ....
2. J'ai retrouvé les clefs qu'on a (***dire***) qui étaient perdues. ....
3. Les catastrophes qu'on avait (***croire***) qui se produiraient ont été écartées. ....
4. Elle a égaré la bague qu'elle m'avait (***dire***) qui venait de sa mère. ....

---

58 *Même exercice.*

1. C'est cette page que j'aurais (***vouloir***) que tu lises. ....
2. Les voisins, que j'ai (***avertir***) que je partais, m'ont écrit. ....
3. Voilà une histoire que je n'aurais pas (***croire***) que vous connaissiez. ....
4. Les spectateurs que l'on a (***informer***) qu'ils devaient rejoindre leur place. ....

5 | PARTICIPES PASSÉS : DONNÉ, EU, SUIVIS DE À ET D'UN INFINITIF

■ Les participes passés **donné**, **eu** restent **invariables** s'ils ont pour complément l'infinitif qui les suit.

—— *Les pays que j'ai **eu** à visiter.*
→ J'ai eu quoi ? non pas *__les pays__*, mais *__à visiter les pays__*, donc le participe passé reste invariable.

—— *Les personnes que j'ai **eu** à convaincre.*
→ J'ai eu quoi ? *__à convaincre des personnes__*, donc le participe passé reste invariable.

■ Les participes **donné** et **eu** peuvent s'accorder avec le complément d'objet direct placé avant eux, s'ils se rapportent **nettement** à ce complément.

—— *Les sujets qu'on m'a **donnés** à traiter.*
→ On m'a donné quoi ? des *__sujets__* (et je les ai traités), donc accord du participe passé au masculin pluriel.

■ Le plus souvent il y a ambiguïté, si bien que **le double usage est admis**.

—— *Les leçons que j'ai **eu(es)** à apprendre étaient difficiles.*

═══════════ EXERCICES ═══════════

59 *Mettez au participe passé les infinitifs entre parenthèses.*

—— L'opération que j'ai (**avoir**) à subir.   *__que j'ai eu à subir__*

1. Il a envoyé les lettres que tu lui as (**donner**) à poster.   ....
2. Je regrette les échecs qu'elle a (**avoir**) à subir.   ....
3. Je me suis occupée des chats qu'elle m'avait (**donner**) à garder.   ....

4. Ils ont fait tous les exercices que vous leur aviez (***donner***) à faire. ....

5. Il n'arrivait pas à savoir les leçons qu'on lui avait (***donner***) à apprendre. ....

6. Elle est gaie, malgré toutes les épreuves qu'elle a (***avoir***) à traverser. ....

7. C'est cette paroi que vous avez (***avoir***) à escalader ? ....

60 Même exercice.

1. Rappelez-vous tous les combats qu'il a (***avoir***) à mener. ....

2. Vous n'imaginez pas toutes les mauvaises herbes qu'on a (***avoir***) à arracher ! ....

3. Les épreuves que nous avons (***avoir***) à endurer nous ont aguerris. ....

4. Les difficultés que j'ai (***avoir***) à surmonter m'ont donné confiance en moi. ....

5. Je me rappelle les premiers articles que j'ai (***avoir***) à écrire. ....

6. Il n'a pas fini les boulettes qu'on lui a (***donner***) à manger. ....

7. Ce sont ces bagages que vous lui avez (***donner***) à porter ? ....

6 PARTICIPES PASSÉS : FAIT ET LAISSÉ SUIVIS D'UN INFINITIF

Le participe passé **fait** suivi d'un infinitif est **toujours invariable**.
— La robe que j'ai **fait** faire.

Le participe passé **laissé** peut **s'accorder** avec le complément d'objet direct placé avant, si celui-ci **accomplit l'action** exprimée par l'infinitif.
— Les enfants que j'ai **laissés** jouer.
→ J'ai laissé qui ? **les enfants** (et ils jouent), donc accord du participe passé au masculin pluriel.

Le participe passé **laissé** reste **invariable** (voir Annexes page 63) si le complément d'objet **n'accomplit pas l'action** exprimée par l'infinitif.
— La facture que j'ai **laissé** payer par le locataire.
→ J'ai laissé quoi ? **payer la facture** (mais la facture ne paie pas, elle est payée), donc pas d'accord du participe.

EXERCICES

61 *Remplacez les infinitifs entre parenthèses par des participes passés.*

— Les pommes que j'ai (**faire**) cuire étaient tachées.   ..*que j'ai fait cuire*..

1. Les enfants ? Mais je les ai (**faire**) appeler il y a dix minutes ! ....
2. Regardez la jolie maison qu'elle s'est (**faire**) construire ! ....
3. Ces garnements ! J'espère que vous ne les avez pas (**laisser**) faire ! ....
4. Te rappelles-tu la pièce que je t'ai (**faire**) voir l'an dernier ? ....
5. Il regrette les affaires qu'il a (**laisser**) péricliter. ....

62 Même exercice.

1. Quelle mauvaise humeur il a (**laisser**) voir ! ....
2. Elle aimait beaucoup la robe qu'elle s'était (**faire**) faire. ....
3. C'est parce que j'ai confiance en elle que je l'ai (**laisser**) s'exprimer. ....
4. Je vous montre les chambres qu'on vous a (**faire**) préparer. ....
5. Voyez les mauvaises herbes qu'on a (**laisser**) pousser. ....
6. Cela m'a mise dans une fureur que j'ai (**laisser**) exploser. ....

63 Même exercice.

1. Ce sont des sentiments qu'elle n'a jamais (**laisser**) deviner. ....
2. Nous sommes satisfaits des travaux que nous avons (**faire**) faire ....
3. Le chef de gare s'est (**faire**) couper les cheveux. ....
4. Je les ai (**laisser**) travailler seules. ....
5. Il a trés bien dit la fable que je lui ai (**faire**) réciter. ....

7 | PARTICIPES PASSÉS : DÛ, PU, SU, VOULU

> • Les participes passés **dû**, **pu**, **su**, **voulu** :
>
> ■ restent **invariables** quand on peut sous-entendre après eux **un infinitif**.
> — *Il a lu tous les livres qu'il **a pu** → qu'il a pu (**lire**).*
>
> ■ s'accordent avec le complément d'objet qui les précède, si **l'infinitif ne peut pas être sous-entendu**.
> — *Elle a remboursé les sommes qu'elle avait **dues**.*

EXERCICES

64 *Mettez au participe passé les infinitifs entre parenthèses.*

— Il a regardé tous les films qu'il a (***vouloir***).   ...***voulu*** (regarder)..

1. Il a vu toutes les pièces qu'il a (***vouloir***).   ....
2. Elles est loin d'avoir fait les efforts qu'elle aurait (***devoir***).   ....
3. J'ai oublié toutes les règles que j'ai si bien (***savoir***).   ....
4. Ils ont obtenu tous les financements qu'ils ont (***vouloir***).   ....
5. On lui a demandé les informations qu'elle avait (***savoir***).   ....
6. Je lui ai prodigué tous les conseils que j'ai (***pouvoir***).   ....
7. Ils ont mis en œuvre tous les moyens qu'ils ont (***pouvoir***).   ....

28 | PARTICIPES PASSÉS :
DIT, CRU, PERMIS, OSÉ, PENSÉ, PRÉTENDU, PRÉVU

- Les participes passés **dit**, **cru**, **espéré**, **estimé**, **pensé**, **prétendu** et autres verbes d'opinion :

■ restent invariables s'ils sont suivis d'**un infinitif**.

— *J'aime ces masques, qu'on m'a **dit** venir de Colombie.*
→ On m'a dit quoi ? *non pas **ces masques**, mais **que ces masques venaient de Colombie**.*

— *Cette jeune fille que j'ai **cru** apercevoir.*
→ J'ai cru quoi ? *non pas **cette jeune fille**, mais **apercevoir cette jeune fille**.*

■ Ils restent également **invariables**, si l'on peut sous-entendre **après** eux un infinitif ou une proposition complétive.

— *Cette étude est moins difficile que je n'aurais **cru** (qu'elle serait).*

═══ EXERCICES ═══

65 *Remplacez les infinitifs entre parenthèses par un participe passé.*

— Elle a eu plus de chance qu'elle
n'aurait (**croire**).   *qu'elle n'aurait cru*
                                              (avoir)

1. Je lui rends l'hommage que j'ai (**croire**)
lui devoir.   ....

2. A-t-elle connu tous les succès qu'elle
avait (**prévoir**) ?   ....

3. Elles se sont révélées autres que celles
qu'elles avaient (**prétendre**) être.   ....

4. Cette lettre, que tu m'a (**dire**) être de
X, me trouble.   ....

5. Vous m'avez fourni toutes les indications que vous m'aviez (***dire***). ....

6. Il n'a pas obtenu les indemnités qu'il avait (***prévoir***). ....

7. Il a fait toutes les bêtises qu'on lui avait (***permettre***) de faire. ....

8. L'auteur n'a pas obtenu les applaudissements qu'il aurait (***souhaiter***). ....

---

66 *Même exercice.*

1. Voilà les amis que nous avons (***penser***) inviter. ....

2. As-tu vu la bague qu'elle a (***dire***) tenir de sa mère ? ....

3. J'ai lu cette lettre qu'il avait (***croire***) venir d'elle. ....

4. C'est cette femme qu'il a (***reconnaître***) être sa mère. ....

5. Je n'ai pas rencontré les personnes que j'avais (***penser***). ....

6. C'est bien la note que j'avais (***penser***) obtenir. ....

7. Il a reçu beaucoup plus de visiteurs qu'il n'avait (***espérer***). ....

8. Ces dessins qu'on a (***prétendre***) être des chefs d'œuvre. ....

29 PARTICIPE PASSÉ DES VERBES ESSENTIELLEMENT PRONOMINAUX

Rappel :

Les verbes pronominaux **s'emploient** avec l'auxiliaire **être**, et se conjuguent avec un pronom personnel représentant la même personne que le sujet : je **me**, tu **te**, il **se**, nous **nous**, vous **vous**, ils **se**.

On appelle verbes **essentiellement pronominaux** des verbes qui n'existent qu'à la forme pronominale. Dans ces verbes, le pronom réfléchi n'a pas de fonction analysable.

— *S'évanouir, s'absenter, s'enfuir, se souvenir, s'écrier, se repentir, etc.*

Certains verbes dits **essentiellement pronominaux** peuvent exister à une autre forme que la forme pronominale, mais ils ont alors **un autre sens**, éventuellement :

— *S'apercevoir = se rendre compte et apercevoir = entrevoir ; se résoudre = décider de et résoudre = trouver une solution.*

■ Le participe passé des verbes essentiellement pronominaux **s'accorde toujours avec le sujet**.

— *Elles se sont **évanouies**.*
→ Accord au féminin pluriel avec le sujet **_elles_**.

■ Placé **après** un infinitif, le participe passé d'un verbe essentiellement pronominal **s'accorde avec le sujet sous-entendu de l'infinitif**.

— *Après s'être **enfuie**, elle revint.*

ATTENTION

● Le participe passé du verbe *s'arroger* (= s'attribuer comme un droit), pourtant essentiellement pronominal, ne s'accorde pas avec le sujet, mais avec le complément d'objet, si celui-ci est placé avant lui.

— *Les droits **qu**'elle s'est **arrogés**.*

EXERCICES

67 *Accordez les participes passés comme il convient.*
*Les Romains se sont **emparé**... de la Gaule*
→ ***se sont emparés**.*

1. À l'approche du chasseur, les lapins se sont ***enfui**......
Elle s'est ***repenti**...... de ses erreurs.
2. Ils se sont ***abstenu**...... d'en parler.
3. Elles se sont ***souvenu**...... de nos promesses.
Nous ne nous sommes pas ***méfié**......
4. Ils s'en sont ***allé**...... tristement.
Elles se sont un moment ***absent**......
5. Elle s'est ***arrogé**...... la permission de minuit.

---

68 *À partir de l'infinitif indiqué, remplacez les pointillés par le participe passé.*
S'efforcer → *Les entreprises se sont **efforcées**... de produire davantage.*

1. ***S'esclaffer**.* Ils se sont .... en entendant sa plaisanterie.
2. ***S'éprendre**.* Ils se sont .... l'un de l'autre.
3. ***S'ingénier**.* Elle s'est .... à bien faire.
4. ***S'adonner**.* On a reproché à certains poètes de s'être .... à l'alcool.
5. ***Se réfugier**.* Où les enfants se sont-ils .... ?
6. ***S'acharner**.* Les chasseurs s'étaient .... sur le gibier.
7. ***Se départir**.* Elle ne s'est à aucun moment .... de son calme.
8. ***S'obstiner**.* Elle s'est .... à l'attendre.
9. ***Se recroqueviller**.* Ils se sont .... dans leur coquille.

30 Participe passé des verbes pronominaux réfléchis (1)

Rappel :

Un verbe pronominal réfléchi exprime **une action** faite par **le sujet sur lui-même**.

— *Se laver.*

Les participes passés des verbes pronominaux réfléchis suivent la règle d'accord des participes passés avec l'auxiliaire **avoir** (**accord** avec le COD qui **précède** le verbe).

Pour **trouver** le COD des verbes pronominaux réfléchis, on **remplace** l'auxiliaire **être** par l'auxiliaire **avoir**.

— *Elle s'est **lavée**.* → elle a lavé qui ? **s'** mis pour **elle**.
*Elle s'est **lavé** les cheveux.* → Elle a lavé quoi ? **ses cheveux**.

■ Le participe passé **s'accorde** avec le pronom réfléchi COD placé **avant** le verbe.

— *Elle s'est **lavée** avec plaisir.*

→ Elle a lavé qui ? **s'** (= elle), donc accord au féminin singulier.

■ Le participe passé **s'accorde** avec le COD placé **avant** le verbe, même si ce COD n'est pas le pronom réfléchi.

— *Les cheveux, elle se les est **lavés** hier.*

→ Le COD **les** mis pour **cheveux** est placé avant le verbe, donc accord au masculin pluriel ; (le pronom réfléchi **se** est complément d'attribution (= à elle).

■ Le participe passé reste **invariable** si le COD est placé **après** le verbe.

— *Elle s'est **lavé** les cheveux.*

→ Le COD **les cheveux** est placé après le verbe, donc pas d'accord du participe.

EXERCICES

69 *Accordez le participe passé comme il convient.*
— Ils se sont (**redressé**) fièrement.   **se sont redressés**

1. Elle s'est (**peigné**) comme je lui ai demandé. ....
2. Où se sont (**caché**) les autres oiseaux ? ....
3. Elle s'est (**permis**) beaucoup trop de fantaisie. ....
4. Elles se sont (**mis**) sur son chemin. ....
5. Elsa s'est (**regardé**) dans le miroir. ....

70 *Même exercice.*

1. Elle s'est (**assuré**) un franc succès. ....
2. Ils se sont (**imaginé**) de nombreuses catastrophes. ....
3. Elles se sont (**accordé**) la permission de minuit. ....
4. Elle s'est (**coupé**) le doigt. ....
5. Elles s'est (**coupé**) au doigt. ....

71 *Récrivez les phrases suivantes en les commençant par le complément d'objet*
— Il s'est imposé des horaires.
Les horaires qu'il s'est imposés.

1. Je me suis souvent rappelé cette règle.
   Cette règle que je ....
2. Ils se sont lavé les mains avant le repas.
   Les mains qu'ils se ....
3. Vous vous êtes raconté des histoires.
   Les histoires que vous vous ....
4. Les garçons se sont attiré la sympathie.
   La sympathie que les garçons ....

31. PARTICIPE PASSÉ DES VERBES PRONOMINAUX RÉFLÉCHIS (2)

Le participe passé **s'accorde** avec le pronom réfléchi, même s'il est suivi d'un attribut de ce pronom réfléchi.

—— Elles se sont **trouvées** jolies.
→ Elles ont trouvé qui ? **se** mis pour **elles** qui a pour attribut **jolies**, donc accord du participe passé au féminin pluriel.

ATTENTION

- Dans la locution pronominale **se faire fort de** (= s'engager à), le participe passé et l'adjectif **fort** restent invariables.

—— Nous nous sommes **fait fort** de ramener le calme.

EXERCICE

72 *Mettez au participe passé les infinitifs entre parenthèses.*

—— Elles se sont (**montrer**) capables de ce travail.   **se sont montrées**

1. Ils se sont (**juger**) suffisamment adroits pour réussir.   ....
2. Vous vous êtes (**imaginer**) plus jolie que vous n'êtes.   ....
3. Nous ne nous sommes pas (**prétendre**) infaillibles.   ....
4. Elles se sont (**croire**) plus brillantes qu'elles ne sont.   ....
5. Ils se sont (**reconnaître**) fautifs.   ....
6. Elle s'est (**proclamer**) innocente.   ....
7. Ils se sont (**croire**) très malins.   ....

2 PARTICIPE PASSÉ DES VERBES PRONOMINAUX RÉCIPROQUES

> Rappel :
> Un verbe pronominal réciproque est un verbe (au pluriel) qui exprime **une action que plusieurs sujets exercent l'un sur l'autre**.
> ⎯ *Se battre.*

Le participe passé **s'accorde** avec le pronom réfléchi complément d'objet direct placé **avant** le verbe.
⎯ *Ils se sont **battus** comme des lions.*
→ Ils ont battu qui ? **se** (= l'un l'autre), donc accord du participe passé au masculin pluriel.

Il est parfois difficile de distinguer si le verbe pronominal est **réfléchi** ou **réciproque**.
⎯ *Ils se sont **blessés** = ils se sont **blessés** l'un l'autre, ou chacun s'est **blessé** lui-même.*
De toute façon, cette nuance de sens ne modifie pas l'accord du participe.

Le participe passé reste **invariable** si le pronom réfléchi **n'est pas** le complément d'objet direct et que le COD est placé **après** le verbe.
⎯ *Elles se sont **donné** des adresses.*
→ Le pronom réfléchi **se** est complément d'attribution (= à elles). Le complément d'objet direct est **des adresses**, placé après le verbe, donc le participe passé reste invariable.

ATTENTION

● **S'assurer, se persuader** admettent deux constructions : le pronom personnel peut y être complément d'objet direct ou complément d'attribution.

⎯ *Ils se sont **assurés** contre le vol.*
→ **se** (= eux) est COD placé avant le verbe, donc accord du participe passé au masculin pluriel.

⎯ *Ils se sont **assuré** un abri*
→ **se** (= à eux), complément d'attribution, **un abri** est le COD placé après le verbe, donc le participe reste invariable.

● L'accord du participe passé des verbes **s'assurer, se persuader** est **facultatif** quand ils sont suivis d'une subordonnée : *ils se sont **persuadé(s)** qu'ils avaient raison.*

EXERCICES

73 Mettez les verbes entre parenthèses au participe passé.

— Elles se sont (**retrouver**) sans difficulté **se sont retrouvées**

1. Pas une seconde, ils ne se sont (**poser**) la question. ....
2. Les enfants se sont (**quereller**). ....
3. Ce soir, les deux équipes se sont (**rencontrer**). ....
4. La mère et la fille se sont (**comprendre**) à demi-mot. ....

74 Même exercice.

1. Après des années de brouille, ils se sont (**réconcilier**). ....
2. Dans le village, tous les habitants se sont (**entraider**). ....
3. Nous nous sommes (**pardonner**) les injures que nous nous étions lancées. ....
4. Dès les premiers jours, les enfants se sont (**accepter**). ....

75 Même exercice.

1. Pour se donner du courage, ils se sont (**rassurer**). ....
2. Ils regrettent les injures qu'ils se sont (**jeter**) à la figure. ....
3. Elles se sont (**jeter**) dans les bras l'une de l'autre. ....
4. Ils se sont (**mesurer**) du regard. ....
5. Dès qu'ils se sont (**apercevoir**), ils se sont (**rejoindre**). ....
6. Ils se sont (**jurer**) de réussir. ....

3 PARTICIPE PASSÉ DES VERBES PRONOMINAUX SANS COD

Le participe passé des verbes pronominaux qui n'ont pas de complément d'objet direct reste **invariable**.

___ Elles se sont **succédé**.

→ Elles ont succédé à qui ? Le pronom **se** n'est pas complément d'objet direct, mais complément d'attribution, donc le participe passé reste invariable.

Le participe passé des verbes **s'en donner, se rendre compte** reste aussi **invariable**.

___ Ils s'en sont **donné** à coeur joie.

___ Elle s'est **rendu** compte de son erreur.

ATTENTION

● **Liste des verbes pronominaux qui n'ont jamais de complément d'objet direct** :
se convenir, se mentir, se nuire, se parler (parler à soi), se plaire (plaire à soi), se déplaire, se complaire, se ressembler, se sourire, se succéder, se suffire, se survivre, s'en vouloir.

===== EXERCICES =====

76 Remplacez l'infinitif entre parenthèses par un participe passé.

___ En fumant, ils se sont (**nuire**). ....*ils se sont nui*...

1. Elle s'est (**plaire**) à critiquer tout le monde. ....
2. Ils se sont (**ressembler**) comme des frères. ....
3. Nous nous sommes (**mentir**) trop souvent. ....
4. Les trois frères se sont (**succéder**) rapidement au pouvoir. ....
5. Ils étaient heureux et se sont (**suffire**) amplement à eux-mêmes. ....

77 Même exercice.

1. Elle s'en est (***vouloir***) de ses sautes d'humeur. ....
2. Ils se sont (***nuire***) considérablement en se comportant ainsi. ....
3. Je les ai présentés l'un à l'autre, mais ils ne se sont pas (***convenir***). ....
4. Ils s'en sont (***vouloir***) d'avoir été si naïfs. ....
5. La mère et la fille se sont (***ressembler***) longtemps. ....

78 Même exercice.

1. Par leurs oeuvres, les artistes se sont (***survivre***). ....
2. Elle s'est (***rire***) de la difficulté qu'on lui a imposée. ....
3. Contre toute attente, ma mère s'est (***plaire***) à son travail. ....
4. Combien de ministres se sont (***succéder***) à ce poste ! ....
5. S'ils avaient osé, ils se seraient (***sourire***). ....
6. Elle s'était (***mentir***) pendant toute son existence. ....
7. Que de romantiques se sont (***complaire***) dans la mélancolie ! ....

4 PARTICIPE PASSÉ DES VERBES PRONOMINAUX DE SENS PASSIF

> Rappel :
> *"Les fruits **se vendent cher**"*.
> Le verbe pronominal **se vendent** doit être compris comme **sont vendus**.
> C'est pourquoi on dit qu'il s'agit d'un verbe pronominal de **sens passif**.
>
> ■ Le participe passé des verbes pronominaux **de sens passif s'accorde toujours avec le sujet**.
>
> —— *Les fruits se sont **vendus** cher au printemps.*
> → Accord du participe passé avec le sujet ***fruits***, au masculin pluriel.

=== EXERCICE ===

79 *Mettez au participe passé les infinitifs entre parenthèses.*

—— La bataille s'est (**livrer**) ici même. ......*s'est livrée*......

1. Les robes se sont (***porter***) long cette année. ....
2. Au salon du Livre, les livres se sont bien (***vendre***). ....
3. Grâce aux aides de l'État, de nombreuses entreprises se sont (***créer***). ....
4. L'affaire s'est (***conclure***) plus rapidement que je ne l'espérais. ....
5. Les portes ne se sont (***ouvrir***) qu'à 13 heures. ....
6. Ces immeubles sur le bord de mer ne se sont pas (***construire***) en un jour. ....

35 | PARTICIPE PASSÉ DES VERBES PRONOMINAUX SUIVIS D'UN INFINITIF

■ Il reste **invariable** si le sujet du verbe **n'accomplit pas l'action** exprimée par l'infinitif.

— *Elle **s'est senti** piquer par un moustique.*

→ **_Elle_** sujet de **_s'est senti_** n'accomplit pas l'action exprimée par l'infinitif **_piquer_**, donc pas d'accord.

■ Il **s'accorde** avec le sujet si le sujet **accomplit l'action** exprimée par l'infinitif.

— *Elle s'est **sentie** revivre.*

→ **_Elle_** est sujet de **_s'est sentie_**, et c'est **_elle_** aussi qui **_revit_**, donc accord du participe passé au féminin singulier.

ATTENTION

- Suivi d'un infinitif, le participe passé **fait** reste toujours **invariable**.

  — *Elle s'est **fait** arrêter par la police.*

- Il est conseillé de garder le participe passé **laissé invariable dans tous les cas** (voir leçon 26).

  — *Elle s'est **laissé** emmener sans résistance.*

EXERCICES

80 *Accordez le participe passé entre parenthèses.*

— Elle ne s'est pas (**entendu**) crier. ....***entendue***........

1. Ils ne se sont pas (**vu**) partir seuls. ....
2. Elles se sont (**fait**) faire des robes pour ce mariage. ....
3. Ne croyez-vous pas qu'elle se soit (**fait**) aider ? ....
4. Ils se sont enfin (**décidé**) à partir en vacances. ....
5. Les victimes de cette maladie se sont (**senti**) décliner. ....

6. Elle s'est soudain (**vu**) menacer par le bandit. ....
7. Ils se sont (**vu**) refuser l'entrée du cinéma. ....

81 *Même exercice.*

1. Ils se sont (**fait**) trembler en allant voir ce film. ....
2. Vous vous êtes tous les deux (**laissé**) manipuler. ....
3. Elles se sont (**étonné**) d'être si bien accueillies. ....
4. Ils se sont (**laissé**) gagner par l'enthousiasme de l'assistance. ....
5. Je les ai (**laissé**) faire. ....
6. La petite Antigone s'est (**laissé**) murer dans un tombeau. ....

82 *Même exercice.*

1. Elle s'est (**laissé**) dire que rien ne s'était produit par hasard. ....
2. Nous nous sommes (**laissé**) séduire par le pouvoir. ....
3. Elle s'est (**entendu**) critiquer, et cela l'a vexée. ....
4. Elle s'est (**entendu**) lui répondre avec assurance. ....
5. Nous nous sommes (**laissé**) dire que la pièce est bonne. ....

36 PARTICIPE PASSÉ DES VERBES IMPERSONNELS

> Rappel :
>
> Les verbes **impersonnels** sont des verbes qui s'emploient seulement à la **troisième personne du singulier**, avec un sujet neutre **il** ou **cela**, qui ne représente personne : *il faut*, *il fait* (chaud, froid, beau). Ces verbes expriment souvent des phénomènes de la nature : *il pleut*, *il vente*, *il neige*.
>
> ■ Le participe passé des verbes impersonnels reste **invariable**.
> — *Les grosses chaleurs qu'il **a fait**.*

═══ EXERCICE ═══

83 *Mettez les verbes entre parenthèses au participe passé.*

— Je m'étonne des inondations qu'il y a (**avoir**). ......*qu'il y a eu*......

1. Des orages, il y en a (**avoir**) beaucoup en août. ....
2. Avez-vous compté combien de jours il a (**pleuvoir**) ? ....
3. Il n'a pas fait tous les efforts qu'il aurait (**falloir**). ....
4. As-tu remarqué ces écarts de températures qu'il y a (**avoir**) ? ....
5. Regardez les réparations qu'il a (**falloir**) faire ! ....
6. Cette inondation est la plus grave qu'il y a (**avoir**). ....

ANNEXES

Depuis 1976, un arrêté ministériel a officiellement autorisé :

LEÇON 4

l'accord de ces participes même lorsqu'ils sont placés en tête de phrase.

— *Étant donn**ées** les circonstances.*

LEÇON 18

l'accord du participe passé avec le complément qui précède **en**.

— *Des cerises, j'en ai mang**ées**.*

LEÇON 20

l'accord de ces participes passés même quand leur complément n'est pas un complément d'objet direct, mais un complément circonstanciel.

— *Les cent mètres que j'ai cour**us**.*

On ne peut donc pas vous compter une faute dans un examen ou un concours si vous accordez ces participes passés.
Toutefois, la plupart de vos lecteurs vous sauront gré de respecter l'orthographe traditionnelle.

LEÇON 26

Le Conseil supérieur de la langue française, qui a publié le 6 décembre 1990 au *Journal Officiel*

"Les rectifications de l'orthographe",

conseille de garder le participe passé *"laissé"* suivi <u>d'un infinitif</u> toujours invariable.

Exercices de révision

RÉVISION DES LEÇONS 1 À 8

84 Mettez au participe passé les infinitifs entre parenthèses.

1. Ils sont (***rester***) très attachés à leur ville natale. ....
2. Depuis qu'elle est mariée, elle est beaucoup plus (***épanouir***). ....
3. Le médecin est enfin (***arriver***). ....
4. Ils craignent d'être (***revenir***) trop tard. ....
5. Chantal et Marie, savez-vous si vous êtes (***admettre***) ? ....
6. "(***Passer***) le danger, on se moque du saint". ....
7. La côte (***franchir***), ils soufflèrent. ....
8. La nuit (***venir***), on fit un feu de camp. ....

85 Accordez les participes passés selon la règle.

1. Veuillez trouver ma lettre de démission ci-(***joint***). ....
2. (***Mis***) à part Laurence, tous sont venus à mon anniversaire. ....
3. Maintenant qu'ils sont parents, (***fini***) la liberté ! ....
4. (***Vu***) leur désaccord, ils ne peuvent pas travailler ensemble. ....
5. Étant (***donné***) mes problèmes, j'attendais plus de compréhension. ....

86 *Remplacez les infinitifs entre parenthèses par des participes passés.*

1. Elle a été (**condamner**) à une amende. ....
2. Nous étions complètement (**abasourdir**) par la nouvelle. ....
3. Comment auraient-ils pu être (**convaincre**) par des arguments si faibles ? ....
4. Les portes ne sont jamais (**ouvrir**) avant huit heures. ....
5. Ces enfants nous ont été (**confier**). ....
6. L'Assemblée Nationale a été (**dissoudre**) par le Président de la République. ....

RÉVISION DES LEÇONS 9 À 13

87 *Remplacez les infinitifs entre parenthèses par des participes passés.*

1. Nous avons (**faire**) des efforts. ....
2. Il avait pourtant (**apprendre**) ses leçons par coeur ! ....
3. On a (**punir**) les coupables. ....
4. Elle a toujours (**espérer**) guérir. ....
5. Ils ont (**emprunter**) des livres à la bibliothèque. ....
6. Ils ont (**décider**) leur mère à agir. ....
7. Ils ont (**agir**) avec courage et lucidité. ....
8. Elles n'ont pas (**obéir**) à leur moniteur. ....
9. Il est enrichissant d'avoir (**aimer**). ....
10. Avez-vous beaucoup (**souffrir**) ? ....
11. Tu n'as pas (**prendre**) le bon chemin. ....

12. De toutes ses forces, elle a (***vouloir***) réussir. ....

13. Pas une seconde, ils n'ont (***douter***) d'eux-mêmes. ....

88 *Même exercice.*

1. Nous avons (***compatir***) avec vous dans cette épreuve. ....

2. Avez-vous (***bavarder***) tout l'après-midi ? ....

3. Les résultats des deux équipes ont (***coïncider***) parfaitement. ....

4. L'eau a (***jaillir***) fraîche et claire. ....

5. Ils ont (***émigrer***) dans les années 30. ....

6. La salle a (***retentir***) de leurs cris et de leurs rires. ....

7. Nous n'avons pas longtemps (***hésiter***). ....

8. Il n'avait pas (***saisir***) les raisons de mon attitude. ....

9. C'est pourquoi il m'en a beaucoup (***vouloir***). ....

89 *Remplacez les infinitifs par des participes passés.*

1. Je regrette les erreurs que j'ai (***commettre***). ....

2. La bière que nous avons (***boire***) nous a rafraîchis. ....

3. Je vous rends les quarante francs que vous m'avez (***prêter***). ....

4. Ils ont imaginé qu'on les avait (***trahir***). ....

5. Récitez-moi la leçon que vous avez (***apprendre***). ....

6. Les lectures qu'on avait (***juger***) frivoles étaient interdites. ....

7. Cela m'inquiète de l'avoir (***voir***) si désemparée. ....

8. On les a (***traiter***) de folles. ....

9. Vous n'imaginez pas quelle peine elle a (***avoir***). ....

10. Il n'a mentionné que les terrains qu'il avait (***mesurer***). ....

RÉVISION DES LEÇONS 14 À 28

90 Remplacez les infinitifs par des participes passés.

1. Savez-vous combien d'enfants elle a (***avoir***) ? ....

2. Le peu d'attention que vous m'avez (***prêter***) m'a vexée. ....

3. Je ne me rappelle plus combien j'ai (***boire***) de verres. ....

4. Des chiens, ils en ont (***avoir***) beaucoup ....

5. Combien de rêves n'a-t-il pas (***faire***) ! ....

91 Même exercice.

1. De l'expérience ? Nous n'en aurons jamais assez (***acquérir***) ! ....

2. La rentrée s'est mieux passée que je ne l'aurais (***imaginer***). ....

3. La forêt est bien plus belle que vous ne l'aviez (***dire***). ....

4. Savez-vous quelle sorte de livres il a (***écrire***) ? ....

5. Vous n'imaginez pas les sommes que m'ont (***coûter***) ces livres ! ....

6. Les nombreuses années qu'il a (**vivre**) seul en ont fait un célibataire endurci. ....
7. Elle s'est débrouillée pour obtenir toutes les aides qu'elle a (**pouvoir**). ....
8. Il l'a (**échapper**) belle ! ....
9. J'ai suivi les conseils que j'ai (**trouver**) les plus judicieux. ....

92 *Mettez les infinitifs au participe passé.*

1. Parlez plus fort, tous les deux : je vous ai (**entendre**) dire quelque chose de juste ! ....
2. Il y a des fautes qu'il a (**laisser**) commettre. ....
3. Sa grand-mère, elle ne l'a pas (**voir**) mourir. ....
4. Cette musique, je l'ai (**entendre**) jouer des heures sans m'en lasser. ....
5. Quels élèves avez-vous (**faire**) venir ? ....

93 *Même exercice.*

1. Quels services ont-elles (**offrir**) de vous rendre ? ....
2. Les nuages que tu as (**voir**) s'amonceler annoncent un orage. ....
3. Mange les pommes que tu as (**vouloir**) cueillir. ....
4. Il ne les a pas (**laisser**) entrer. ....
5. Les champions, les avez-vous (**voir**) courir ? ....
6. Voilà le genre de confidence que je n'ai jamais (**oser**) faire. ....

RÉVISION DES LEÇONS 29 À 36

94 Mettez au participe passé les infinitifs entre parenthèses.

1. Sa joie s'est (***évanouir***) brusquement. ....
2. Vous vous êtes (***frayer***) tous les deux un chemin parmi cette foule ? ....
3. Elle s'est (***croiser***) les bras. ....
4. Ils se sont (***accoutumer***) progressivement à ce nouveau travail. ....
5. Par leurs récriminations continuelles, elles se sont (***discréditer***). ....

95 Même exercice.

1. Savez-vous pourquoi ils se sont (***téléphoner***) ? ....
2. En se quittant, ils se sont (***donner***) une solide poignée de main. ....
3. Les enfants se sont (***livrer***) bataille. ....
4. Ils se sont (***confier***) leurs peines. ....
5. Ils se sont (***blesser***) aux bras en se battant. ....

96 Accordez les participes passés comme il convient.

1. Ils se sont (***réjoui***) de voir Paris. ....
2. Elle s'est (***permis***) une fantaisie. ....
3. Ils se sont (***frayé***) un chemin dans la forêt. ....
4. S'est-elle (***rendu***) compte de ce qui lui est arrivé ? ....

5. Elle s'est (**félicité**) de les trouver si déterminés. ....
6. Nous nous sommes (**rappelé**) notre enfance avec émotion. ....
7. Quel circuit se sont-ils (**proposé**) de faire en Inde ? ....
8. Où s'est-elle (**offert**) des vacances cette année ? ....
9. Pourquoi se sont-ils (**décrété**) nos amis ? ....
10. Elle s'est (**fait fort**) d'obtenir une augmentation. ....

97 *Même exercice.*

1. Elles se sont (**promis**) de se revoir. ....
2. Elles se sont (**partagé**) les responsabilités. ....
3. Nous nous sommes (**rendu**) compte trop tard de plusieurs erreurs. ....
4. Savez-vous si elle s'est (**donné**) au moins la peine de réfléchir ? ....
5. Je sais que vous vous êtes (**fait**) un devoir d'assister à cette cérémonie. ....
6. Vous êtes-vous tous (**servi**) d'un ordinateur ? ....

98 *Même exercice.*

1. Ils se sont (**rendu**) volontiers utiles autour d'eux. ....
2. Pour se consoler, Marie s'est (**préparé**) une mousse au chocolat. ....
3. Après s'être (**trompé**), elle s'est (**ravisé**). ....
4. Nous nous sommes (**pardonné**) les injures que nous nous étions lancées. ....

5. Ils se sont (***partagé***) les gâteaux qu'ils avaient (***apporté***). ....

6. Nous nous sommes (***interrompu***) quand elle est (***arrivé***). ....

7. Elles se sont (***armé***) de pelles pour nous aider à jardiner. ....

8. Tous se sont (***réjoui***) de les voir enfin. ....

9. Elles ne se seraient pas (***permis***) de protester. ....

99 *Remplacez l'infinitif entre parenthèses par le participe passé.*

1. Ses tableaux se sont (***vendre***) à prix d'or. ....

2. La langue française s'est (***parler***) longtemps en Louisiane. ....

3. Ils se sont volontiers (***laisser***) photographier. ....

4. Les enfants se sont (***faire***) injustement gronder.

100 *Même exercice.*

1. Les coureurs se sont (***laisser***) distancer. ....

2. Elle s'est (***voir***) charger d'une classe supplémentaire. ....

3. La chaleur qu'il a (***faire***) nous a permis de profiter du jardin. ....

4. Vous n'imaginez pas combien d'exercices il lui a (***falloir***) faire. ....

Corrigés
des exercices

1 - alité -faits - absorbées - passée - évacués - ensoleillées

2 - interrogé - repenti - faite - tenue - partagée - avouée - pardonnée - bordée

3 - admis - connu - finies - réveillés - éblouies - passées - livrés - résolue

4 - vu - passé - y compris - passé - attendue - vue

5 - y comprise - attendu - non comprise - exceptées - certifiée - ôté

6 - passée - passées - vu - excepté - exceptés - ôté

7 - ci-jointe - ci-jointe - ci-incluse - ci-annexé - ci-inclus

8 - mises à part - donné(s) - fini(es) - mis à part - mise à part

9 - réglés - entrés - parvenue - terminées - enfermés - vu

10 - admis - émus - descendue - allé - prévenue

11 - préoccupée - interessé - informée - allée - satisfaite

12 - devenue - attristés - restée - nourris

13 - occupés - attachée - admis - surprise

14 - attablés - peinte - épuisée - résignés - adaptée

15 - privées - partis - épuisée - terminée - brûlés

16 - fini - perdue - agacé(s) - abandonnée

17 - cueillies -tressés - révélée - créée - surpris

18 - salué - envoyée - prévenue - préparé - résolus - apprises - promises

19 - admis - surpris - décidé - vu

20 - retrouvé - compris - parlé - su - travaillé

21 - eues - dites - commis - connues - bus

22 - cueillies - lus - choisi - apprises - retenu

23 - rejointes - rattrapés - sus - avertis

24 - attaquée - eues - durcies - vue

25 - devancés - perdus - cueillies - parcourue - relus - applaudie

26 - raccompagnés - prévues - reçues - écrites -comprise

27 - prêtés - dirigés - réchauffée - visités - passées - prises
28 - faites - faite - commises - tracée - conquise - réalisé
29 - perdus - dit - reçus - écrites - posée - prises - faites
30 - dit(e) - souhaité(e) - déclaré - aimé(e) - trouvée - faite
31 - cru - tenue - jugé(s) - trouvé(s) - élues - dit
32 - cru - vue - pensé - indiquée - traitées
33 - suivis - éveillés - ressentis - fermés - laissés
34 - On suppose que ***fortune*** et ***honneur*** sont équivalents pour le locuteur. Le participe passé s'accorde avec les deux noms au masculin pluriel (voir leçon 11)
proposée - pratiquées - aidés (ou aidée) - joués (ou joué) - salués
35 - considérée - pris - reconnue(s) - invitée(s)
36 - apprécié(e) - jugée (ou jugés) - choisis - aimés
37 - passés - couru - gagnée - faits - gagné
38 - soulevées - vu - créés - eues - coûtés
39 - mis(e) - témoigné(e) - reçu(es) - eu - lus - montré
40 - rencontrés - s'est pressée / se sont pressées - détruit - mené(es) - écrit(e) - allé(e) - oubliée(és) - perçu
41 - signalé(s) - écrits - réuni - a été reçu / ont été reçus - faite(s) - rencontré(es) - dénombrée - connus tourné(s)
42 - apporté(s) - connu(s) - eue(s) - aidées - lue(s) - préférées
43 - lu - connu - vu - vu - fait - entendu
44 - écrit - aimé - eues (s'accorde avec ***que*** mis pour ***nouvelles***) - construit - cueilli - rapporté
45 - voulu - cueillies - mis - eu - reçu - commis - tirée (s'accorde avec ***qu'*** mis pour ***somme***)
46 - craint - cru - rêvé - cru - prétendu
47 - couru - pesé - vécu - pesé - mesurées - pesés
48 - vécus - coûté - vécus - vécues - pesé - mesurées
49 - coûté - value - couru - coûtés - courus
50 - marché - duré - dormi - duré
51 - régné - marché - régné

52 - regardés - entendus - entendue - aimé - souhaité - vues

53 - sentie - vue - vu verser - vu faire - préféré - entendu

54 - vu - espéré - entendus - envoyés - regardés

55 - autorisés - offert - interdit - donné

56 - dit - espéré - désiré - cru

57 - prévenue - dit - cru - dit

58 - voulu - avertis - cru - informés

59 - donné(es) - eu - donné(s) à garder - donné(s) à faire - donné(es) à apprendre - eu à traverser - eu à escalader

60 - eu à mener - eu à arracher - eu à endurer - eu à surmonter - eu à écrire - donné(es) - donné(s)

61 - fait appeler - fait construire - laissé(s) faire - fait voir - laissé(es) péricliter

62 - laissé voir - fait faire - laissé(e) s'exprimer - fait préparer - laissé(es) pousser - laissé(e) exploser

63 - laissé - fait - fait - laissé(es) travailler - fait

64 - voulu - dû - sues - voulu - sues - pu - pu

65 - cru - prévu - prétendu - dit - dit - prévu - permis - souhaité

66 - pensé - dit - cru - reconnu - pensé - pensé - espéré - prétendu

67 - enfuis - repentie - abstenus - souvenues - méfiés - allés - absentées - arrogé

68 - esclaffés - épris - ingéniée - adonnés - réfugiés - acharnés - départie - obstinée - recroquevillés

69 - s'est peignée - se sont cachés - s'est permis - se sont mises - s'est regardée.

70 - s'est assuré - se sont imaginé - se sont accordé - s'est coupé - s'est coupée

71 - que je me suis rappelée - qu'ils se sont lavées - que vous vous êtes racontées - que les garçons se sont attirée

72 - se sont jugés - vous êtes imaginée - ne nous sommes pas prétendu(e)s - se sont crues - se sont reconnus - s'est proclamée - se sont crus

73 - ne se sont posé - se sont querellés - se sont rencontrées - se sont comprises

74 - se sont réconciliés - se sont entraidés - nous sommes pardonné - se sont acceptés

75 - se sont rassurés - se sont jetées - se sont jetées - se sont mesurés - se sont aperçus - se sont rejoints - se sont juré

76 - s'est plu - se sont ressemblé - nous sommes menti - se sont succédé - se sont suffi

77 - s'en est voulu - se sont nui - se sont pas convenu - s'en sont voulu - se sont ressemblé

78 - se sont survécu - s'est ri - s'est plu - se sont succédé - se seraients souri - s'était menti - se sont complu

79 - se sont portées - se sont vendus - se sont créées - s'est conclue - se sont ouvertes - se sont construits

80 - vus partir - fait faire - fait aider - décidés à partir - senties décliner - vu menacer - vu refuser

81 - fait trembler - laissé manipuler - étonnées d'être - laissé gagner - laissé faire - laissé murer

82 - laissé dire - laissé séduire - entendu critiquer - entendue répondre - laissé dire

83 - a eu - a plu - aurait fallu - a eu - a fallu - a eu

EXERCICES DE RÉVISION

84 - restés - épanouie - arrivé - revenus - admises - passé - franchie - venue

85 - ci-jointe - mis à part - fini(e) - vu - étant donné

86 - condamnée - abasourdis - convaincus - ouvertes - confiés - dissoute

87 - fait - appris - puni - espéré - emprunté - décidé - agi - obéi - aimé - souffert - pris - voulu - douté

88 - compati - bavardé - coïncidé - jailli - émigré - retenti - hésité - saisi - voulu

89 - commises - bue - prêtés - trahis - apprise - jugées - vu - traitées - eue - mesurés

90 - eus - prêté - bu - eu - faits

91 - acquis - imaginé - dit(e) - écrits (ou écrite) - coûté - vécu - pu - échappé - trouvés

92 - entendus - laissé - vue - entendu - fait

93 - offert - vus - voulu - laissé(s) - vus - osé

94 - évanouie - frayé - croisé - accoutumés - discréditées

95 - téléphoné - donné - livré - confié - blessés

96 - réjouis - permis - frayé - rendu - félicitée - rappelé - proposé - offert - décretés - fait fort

97 - promis - partagé - rendu - donnée - fait - servis

98 - rendus - préparé - trompée - ravisée - pardonné - partagé - apportés - interrompus - arrivée - armées - réjouis - permis

99 - vendus - parlée - laissé - fait

100 - laissé - vu - fait - fallu

INDEX

Les chiffres renvoient aux numéros des leçons.

A
- à 23
- absenter (s') 29
- abstenir (s') 29
- antécédents (accord avec deux) 14
- apercevoir (s') 29
- approuvé (lu et) 2
- s'arroger 29
- attendu 2
- attribut (p.p. employé comme) 7
- attribut du COD (accord avec l') 12
- attribut du pronom réfléchi (accord avec l') 31
- auxiliaire (accord du p.p. sans) 1
- auxiliaire (accord du p.p. avec être) 5
- auxiliaire (accord du p.p. avec avoir) 9
- avoir l'air 7

C
- certifié 2
- ci-annexé 3
- ci-inclus 3
- ci-joint 3
- combien de (accord avec) 15
- compris, non-compris, y-compris 2
- se convenir 33
- couru 20
- coûté 20
- cru 28

D
- de 23
- dit 28
- donné + infinitif 25
- donner (s'en) 33
- dormi 21
- douter de (se) 29
- dû 27
- duré 21

E
- en (accord avec le pronom adverbial) 18
- une espèce de (accord avec) 16
- étant donné, étant donné que 4

	eu + infinitif	25
	s'évanouir (s')	29
	excepté	2
F	faire fort de (se)	31
	fait + infinitif	26
	fallu (il a)	36
	fini	4
I	impersonnels (p.p. des verbes)	36
	inclus, ci-inclus	3
	infinitif (accord du P.P. suivi de l')	22, 23
L	l' (accord avec le pronom neutre)	19
	laissé + infinitif	26
	le peu de (accord avec)	15
M	marché	21
	méfier (se)	29
	mentir (se)	33
	mesuré	20
	mis à part	4
	moitié (accord avec la)	16
	moquer (se)	29
	multitude de (une) (accord avec)	16
N	noms collectifs (accord avec les)	16
	noms de fraction (accord avec les)	16
	noms masculins et féminins (accord avec les)	13
	nuire (se)	33
O	osé	28
	ôté	2
P	parler (se)	33
	passé	2
	passive (voix)	8
	pensé	28
	permis	28
	pesé	20
	plaire (se), déplaire (se), complaire (se)	33
	pleuvoir (p.p. du verbe)	36
	prétendu	28
	prévu	28
	pronom personnel COD (accord avec)	10

	pronom relatif sujet (accord avec le) 6
	pronom relatif COD (accord avec le) 11
	pronominaux (verbes essentiellement) 29
	pronominaux réfléchis (verbes) 30, 31
	pronominaux réciproques (verbes) 32
	pronominaux de sens passif 34
	pronominaux sans COD 33
	pronominaux suivis d'un infinitif 35
	pu 27
Q	quart (accord avec le) 16
	que de (accord avec) 15
	que et qui (accord du p.p. entre) 24
	qui (pronom relatif) 24
R	régné 21
	réjouir (se) 29
	rendre compte (se) 33
	résoudre (se) 29
	ressembler (se) 33
S	servir de (se) 29
	sourire (se) 33
	soussigné 1
	souvenir (se) 29
	su 27
	succéder (se) 33
	suffire (se) 33
	supposé 2
	survivre (se) 33
T	tant de (accord avec) 15
U	un de (ceux) que (accord avec) 17
	une foule de (accord avec) 16
V	valu 20
	vécu 20
	vouloir (s'en) 33
	voulu 27
	vu 2

COORDINATION ÉDITORIALE : ALAIN-MICHEL MARTIN
MAQUETTE : ALAIN BERTHET

LITTÉRATURE

PROFIL D'UNE ŒUVRE

- 150 **Alain-Fournier**, Le grand Meaulnes
- 24 **Anouilh**, Antigone
- 25 **Apollinaire**, Alcools
- 64 **Balzac**, La comédie humaine
- 85 **Balzac**, Illusions perdues
- 132 **Balzac**, La peau de chagrin
- 41 **Balzac**, Le père Goriot
- 21 **Baudelaire**, Les fleurs du mal
- 158 **Bazin**, Vipère au poing
- 72 **Beaumarchais**, Le barbier de Séville
- 134 **Beaumarchais**, Le mariage de Figaro
- 16 **Beckett**, En attendant Godot
- 78 La Bible
- 40 **Buzzati**, Le désert des Tartares
- 1 **Camus**, La chute
- 13 **Camus**, L'étranger
- 47 **Camus**, Les justes
- 22 **Camus**, La peste
- 53 **Céline**, Voyage au bout de la nuit
- 172 **Césaire**, Cahier d'un retour au pays natal / Discours sur le colonialisme
- 88 **Chateaubriand**, Atala / René / Mémoires d'outre-tombe
- 163 **Char**, 5 clés pour aborder l'œuvre, 5 poèmes expliqués
- 133 **Corneille**, Le Cid
- 138 **Corneille**, Cinna
- 154 **Corneille**, L'illusion comique
- 147 **Diderot**, Jacques le fataliste
- 33 **Diderot**, Le neveu de Rameau
- 121 **Duras**, Moderato Cantabile
- 80 **Éluard**, Poésies
- 81 **Flaubert**, L'éducation sentimentale
- 19 **Flaubert**, Madame Bovary
- 173 **Flaubert**, Un cœur simple
- 5 **Gide**, Les faux-monnayeurs
- 178 **Giono**, Le hussard sur le toit
- 177 **Giono**, Regain
- 105 **Giono**, Un roi sans divertissement
- 17 **Giraudoux**, La guerre de Troie n'aura pas lieu
- 76 **Hugo**, Les contemplations
- 101 **Hugo**, Hernani / Ruy Blas
- 146 **Hugo**, Les misérables
- 99 **Huxley**, Le meilleur des mondes
- 145 **Ionesco**, La cantatrice chauve / La leçon
- 2 **Ionesco**, Rhinocéros
- 32 **Ionesco**, Le roi se meurt
- 43 **Laclos**, Les liaisons dangereuses
- 112 **La Fayette**, La princesse de Clèves
- 67 **La Fontaine**, Fables
- 164 **Le Clézio**, Désert
- 12 **Malraux**, La condition humaine
- 89 **Marivaux**, Le jeu de l'amour et du hasard
- 29 **Maupassant**, Bel-Ami
- 84 **Maupassant**, Le Horla et autres contes fantastiques
- 185/186 **Maupassant/Renoir**, Une partie de campagne
- 103 **Maupassant**, Une vie
- 9 **Mauriac**, Thérèse Desqueyroux
- 157 **Mérimée**, La Vénus d'Ille / Colomba
- 144 **Modiano**, La ronde de nuit
- 69 **Molière**, L'avare
- 49 **Molière**, Dom Juan
- 87 **Molière**, L'école des femmes
- 74 **Molière**, Le misanthrope
- 66 **Molière**, Les précieuses ridicules / Les femmes savantes
- 60 **Molière**, Tartuffe
- 65 **Montaigne**, Essais
- 171 **Montaigne**, Essais, Des cannibales (I, 31), Des coches (III, 6)
- 83 **Montesquieu**, Lettres persanes
- 153 **Musset**, Les caprices de Marianne / On ne badine pas avec l'amour
- 27 **Musset**, Lorenzaccio
- 165 **Nerval**, Sylvie, Aurélia
- 42 **Pascal**, Pensées
- 156 **Ponge**, 5 clés pour aborder l'œuvre, 5 poèmes expliqués
- 28 **Prévert**, Paroles
- 6 **Prévost (Abbé)**, Manon Lescaut
- 75 **Proust**, À la recherche du temps perdu
- 62 **Rabelais**, Pantagruel / Gargantua
- 149 **Racine**, Andromaque
- 109 **Racine**, Britannicus
- 39 **Racine**, Phèdre
- 55 **Rimbaud**, Poésies
- 82 **Rousseau**, Les confessions
- 61 **Rousseau**, Rêveries du promeneur solitaire
- 31 **Sartre**, Huis clos
- 18 **Sartre**, La nausée
- 170 **Shakespeare**, Hamlet
- 169 **Sophocle**, Œdipe-roi
- 44 **Stendhal**, La chartreuse de Parme
- 20 **Stendhal**, Le rouge et le noir
- 86 **Tournier**, Vendredi ou les limbes du Pacifique
- 148 **Vallès**, L'enfant
- 79 **Verlaine**, Poésies
- 45/46 **Vian**, L'écume des jours
- 34 **Voltaire**, Candide
- 113 **Voltaire**, L'ingénu
- 35 **Zola**, l'assommoir
- 77 **Zola**, Au bonheur des dames
- 100 **Zola**, La bête humaine
- 8 **Zola**, Germinal

Aubin Imprimeur
LIGUGÉ, POITIERS

Achevé d'imprimer en septembre 1995
N° d'édition 9759
N° d'impression L 49762
Dépôt légal septembre 1995
Imprimé en France